MW00807106

EL DINOSAURIO DISFRAZADO

DE OPOSITOR A DEMAGOGO

MACARIO SCHETTINO

EL DINOSAURIO DISFRAZADO

DE OPOSITOR A DEMAGOGO

Ariel

Coyoacán, 2023

Este libro se escribió, prácticamente por completo, en cuartos
de hospital. Después de un error quirúrgico, mi esposa estuvo al
borde de la muerte en dos ocasiones y estuvo hospitalizada por
178 días. Salvó la vida gracias al cuerpo médico, de enfermería y
apoyo principalmente del Hospital ABC. Menciono especialmente a:

Dra. Paola Romano (líder)

Dres. Fernando Quijano y Enrique Guzmán de Alba (cirujanos)
Dres. Rubén Garrido y Julio César Arriaga (nefrólogos)
Dres. Daniel Aguirre y Javier Galnares (neurólogos)
Dr. Benjamín Valente (infectólogo)

Dres. Carlos Valenzuela y Daniel Angulo (endoscopistas)
Dres. Paulina del Regil y Benjamín Baños (rehabilitación)

Dres. Monserrat Cuéllar, Alain Ledu Lara y Emmanuel Escobar
(primer hospital)

A ellos, a muchos médicos más, técnicos, enfermeras, camilleros
y personal de apoyo, y sobre todo a los más de cincuenta amigos y
familiares que estuvieron dispuestos a donar sangre, les dedico
este libro, de cuyo contenido obviamente no son responsables.

ÍNDICE

Introducción

En la primera semana de enero de 2023, Andrés Manuel López Obrador (AMLO) finalmente fue claro. Primero reveló que dos de los cuatro ministros que él propuso para la Suprema Corte lo habían traicionado y no respaldaban «el proyecto».[1] Después reconoció que los programas sociales no tienen como objetivo mejorar la situación de las personas, sino que responden a una «estrategia política».[2]

Ya a inicios de septiembre había externado su desconfianza en dos de los cuatro ministros propuestos por él,[3] y volvió a hacerlo a finales de enero, en el contexto de la discusión acerca de la reforma electoral fallida, ahora convertida en plan B.[4] Esta fue la tercera reforma constitucional que promovió en la LXV Legislatura sin contar con la mayoría calificada, que sí tenía en la legislatura anterior (2018-2021). Las tres fueron rechazadas y el presidente respondió con leyes claramente inconstitucionales. Así fue con el tema eléctrico, la Guardia Nacional y la reforma electoral. En los tres casos, las leyes fueron recurridas y llegaron a la Suprema Corte de Justicia. Aunque la reforma eléctrica no pudo declararse inconstitucional, debido a una actuación deplorable del entonces presidente de la Corte, siete de los 11 ministros consideraron que no respetaba la Carta Magna, lo que abrió el espacio a un alud de amparos y otros recursos que han obligado a revisar aquella decisión. Algo similar ocurrió con las otras dos «reformas» que fueron detenidas por la Corte, ahora con una mayoría de ocho votos, lo que no deja cierta duda sobre su inconstitucionalidad.

Lo relevante es la actitud del presidente, quien está convencido de que los ministros que él propuso deben ceñirse a sus deseos, de la misma manera que lo hacen senadores y diputados de su partido, que consistentemente han respetado su exigencia de «no cambiar ni una coma» a lo que el Ejecutivo les envía. No son representantes populares, sino oficialía de partes: reciben y aprueban sin siquiera leer. Esta obsesión de controlar a los otros dos poderes de la Unión —que, según lo entiende López Obrador, deben solo refrendar sus deseos—, no puede sino llamarse con un nombre: restauración autoritaria.

Desde el inicio de su presidencia, López Obrador buscó destruir el marco institucional que se había construido en la breve etapa democrática que ha vivido México, es decir, desde 1996. Revirtió la reforma educativa y con ello desapareció el Instituto Nacional de Evaluación de la Educación; promovió renuncias, despidos y recortes presupuestales en la Comisión Reguladora de Energía, la Nacional de Hidrocarburos, el Instituto Nacional Electoral e incluso la Suprema Corte; terminó con lo poco que había de servicio civil de carrera, redujo salarios y eliminó prestaciones, acabando con el conocimiento acumulado en diversas dependencias públicas, muy probablemente en todas ellas. Amparado en un manto de austeridad, lo que hizo desde el inicio fue debilitar la estructura del Gobierno federal para impedir que pudieran obstaculizarse sus deseos.

Ese proceso de debilitamiento coincide con un camino opuesto en las fuerzas armadas, en especial en el ejército. Conforme se destruye la capacidad de gestión del Gobierno, las decisiones del presidente se encargan a la Defensa Nacional, que lo mismo construye aeropuertos, ferrocarriles y sucursales bancarias que reparte vacunas y cuida aduanas, prácticamente hace cualquier cosa. López Obrador se siente a gusto con la disciplina militar, porque está en la cúspide, es el comandante supremo. Ahí sí, sus deseos son órdenes.

Para cerrar la pinza autoritaria, además de la destrucción institucional y creciente dependencia del ejército, AMLO ha terminado con la política social del período democrático y la ha reemplazado con un sistema clientelar, también centrado en su persona. Programas sociales bien diseñados, copiados después en otras partes del mundo, como Progresa-Oportunidades-Prospera o el Seguro Popular, fueron borrados de un día al otro. Decenas de millones de mexicanos perdieron el apoyo que eso significaba. En su lugar, hoy existen programas de reparto de dinero —sin padrón de beneficiarios, reglas de operación, nada— a los adultos mayores, a los niños y jóvenes en la escuela, a jóvenes que inician su vida laboral y a personas dispuestas a fingir que siembran. Todos estos programas son operados por una red informal, llamada Servidores de la Nación, y en todos los casos se enfatiza que el dinero es un obsequio de López Obrador.

A cinco años de su triunfo, parece muy difícil no percibir que se trata de un personaje profundamente autoritario que ha sabido fingir interés en los desprotegidos porque eso le hace más fácil comprar su voluntad, que ha sabido disfrazar la destrucción institucional de lucha contra la corrupción y que ha sabido enmascarar su propaganda como si fuese acceso a la información. Efectivamente, su gobierno es más opaco, corrupto y dañino para los pobres de lo que fueron los gobiernos democráticos (1996-2018), incluso que los dos gobiernos previos, todavía dentro del régimen de la Revolución (1982-1994). La capacidad de mentir de AMLO le permitió engañar a varios por mucho tiempo. Ahora, a un año de que termine su sexenio, quien siga engañado solo puede culparse a sí mismo, por ignorancia, incapacidad o interés.

López Obrador fue siempre el «dinosaurio disfrazado». Originario de un estado marginal, convertido en el menos católico de México por el Atila del Sur, Tomás Garrido Canabal, creció alimentado de nacionalismo revolucionario (como casi todos los mexicanos) y fijó en su mente la década de los setenta como el paraíso posible. Priista desde su juventud, se mantuvo igual cuando se movió al PRD buscando la gubernatura de su estado. Supo escalar pronto y destruir cualquier obstáculo en su camino. Traicionó a quienes lo ayudaron, persiguió a quienes lo criticaban, sedujo y engañó a quienes se dejaron, que fueron miles de colaboradores y millones de votantes. Como corresponde a un defraudador exitoso, López Obrador es carismático, de personalidad magnética.

Su ascenso, entonces, es resultado de esa habilidad, pero también de un contexto muy especial, en el que millones de personas son capaces de reconocerse en un líder simpático, pero deshonesto; ignorante, pero audaz; ocurrente y resentido. Por eso es necesario entender mejor el espacio político mexicano, no solo uno de sus frutos podridos.

El origen del término *dinosaurio* aplicado al PRI se pierde en la historia. Aunque pudo haberse utilizado entre ciertos grupos, el uso general del término parece provenir de la gran disputa que ocurrió dentro del Partido Comunista Mexicano (PCM) en los últimos meses de su existencia, antes de que se fusionara con otras fuerzas de izquierda para constituir el Partido Socialista Unificado de México (PSUM).

Rumbo al XIX Congreso del PCM, un grupo de dirigentes del partido, algunos de ellos miembros del Comité Central, publicaron en *Excélsior*, el 21 de noviembre de 1980, un desplegado intitulado «¡Por la renovación del Partido Comunista Mexicano!». Entre los firmantes se encontraban Enrique Semo, Gilberto Argüello, Roberto Borja, Rodolfo Echeverría y Joel Ortega.[5] Este grupo fue coloquialmente conocido como los *Renos* (renovadores), aunque sus objetivos no tenían que ver con el *aggiornamento* del Partido Comunista, sino con la renovación del Comité Central, que ansiaban controlar. Sus adversarios, algunos de los cuales habían estado ya por veinte años en dicho comité, fueron calificados de *Dinos* (dinosaurios).[6]

Buen ejemplo de lo que proponían los Renos es lo publicado por Enrique Semo en *Proceso*, el 15 de diciembre de 1980, apenas un mes después del desplegado, donde se calificaba el camino al XIX Congreso del PCM como parte de la dispersión ideológica que ponía en riesgo la organización que representaba el marxismo en México. Cierra así esa colaboración:

Como fenómeno ideológico nacional, el marxismo mexicano solo puede ser la asimilación-superación crítica del liberalismo radical, la versión democrático-revolucionaria de la ideología de la Revolución mexicana y el humanismo cristiano que tiene sus raíces en las obras de Bartolomé de Las Casas, Vasco de Quiroga y Sahagún. Su surgimiento es el fruto del encuentro de los dirigentes naturales de los movimientos sociales con los exponentes del marxismo contemporáneo mexicano en el calor de la acción política.[7]

Se entiende, entonces, la gran cercanía que Semo buscó con López Obrador.

Los Renos querían «detener el curso de las conciliaciones ideológicas que estaba proponiendo su partido y tratar de recuperar su carácter de clase aunque fuera en el papel», cita Joel Ortega a Rodríguez Araujo en un texto publicado en *Este País*,[8] en octubre de 2020. Los Dinos habían sido responsables de la modernización del PCM, del intento de ampliar sus bases más allá de la marginalidad obrera en que había vivido, pero, como decíamos, por los veinte años en que algunos de ellos habían estado en el Comité Central, se les consideraba una anomalía histórica. Dinosaurios, pues.

El conflicto interno del PCM, a diferencia de otros en su historia, sucedió a plena luz, con debates en la prensa y la atención que merecía una transformación de gran importancia en un Partido Comunista. Es un debate que ocurrió casi una década antes de la caída del Muro de Berlín y apenas unos meses después del XV Congreso del PC Italiano. Por eso, más allá de los conciliábulos comunistas, el término *dinosaurio* se extendió para calificar otras anomalías históricas, y ninguna más adecuada que el mismo PRI. Quienes primero usaron esta referencia fueron José Joaquín Blanco y Manú Dornbierer, pero era tan clara la idea que muy pronto se popularizó, al grado de olvidarse muy rápido su origen.[9]

Para inicios de los noventa, cuando ya muy pocos recordaban al Partido Comunista, el dinosaurio no era otro que el PRI, que se asociaba ya con el famoso microcuento de Tito Monterroso (de 1959). Y sí, sin importar cuánto tiempo pase, es cierto: al despertar, el dinosaurio sigue ahí.

Como se ha dicho, la tesis de este libro es que Andrés Manuel López Obrador encarna la esperanza de parte de la sociedad mexicana. Es, sin duda, un personaje autoritario, no un demócrata. Es alguien que siempre se ha considerado especial, a quien no deben aplicarse las leyes que el resto de los mortales siguen. Es, en ese sentido, un personaje mesiánico, como ya tanto se ha dicho. Pero ese mesías no hubiese tenido ningún éxito si no hubiesen confluido dos elementos que no debemos dejar a un lado, porque de ello depende tanto que podamos evitar que la destrucción actual tenga éxito como impedir que este fenómeno vuelva a repetirse.

Por un lado, México ha tenido muy poca experiencia con la democracia y demasiada con sistemas autoritarios. Del último heredamos un sistema educativo diseñado para legitimar a los ganadores de las guerras civiles que llamamos Revolución, lo que permitió que una historia oficial ficticia perpetuase los mitos del populismo del siglo xx que tan bien ha descrito, para toda América Latina, Carlos Granés.[10] En esos mitos pudo montarse y sostenerse el embaucador en turno.

Por otro, a partir de la Gran Recesión de 2008, en el planeta entero hemos vivido un momento de confusión, de incertidumbre, de disonancia, que ha permitido la aparición y entronización de líderes populistas; algunos ya habían logrado instalarse, pero con este momento inusual han logrado mantenerse en el poder, como Erdogan, Orbán, Kaczyński o, por momentos, Trump, Modi o Boris Johnson. Es posible incluir en este grupo, aunque el sistema en que se instalaron sea prácticamente totalitario, a Putin y Xi.

Por estas dos razones me parece indispensable, al analizar la situación actual de México, plantear tanto una perspectiva histórica como una revisión del contexto internacional. Sin ellas, mucho de lo que nos ha ocurrido parecería inexplicable o fácilmente terminaría en otra secuencia cronológica simplista, como la historia oficial que mencionamos.

En consecuencia, el plan del libro es comenzar con la revisión del régimen de la Revolución para entender mejor el caldo de cultivo de los liderazgos populistas, así como identificar la causa del derrumbe de dicho régimen y la forma en que el dinosaurio pudo disfrazarse. En el segundo capítulo analizamos el fin de ese régimen y los reacomodos que implicó, incluyendo la descomposición social que, me parece, apenas descubrimos en este siglo.

El tercer capítulo narra el escaso cuarto de siglo en que logramos vivir en una democracia. Espero mostrar ahí las debilidades, las fallas, pero también los grandes esfuerzos de construcción institucional que, por desgracia, ahora se ven casi borrados. En el capítulo 4 me adentro en el análisis del dinosaurio que, con diferentes colores, fingió no serlo. Aunque cronológicamente coincide con la construcción democrática, me parece que siempre se trató del huevo del que saldría el tiranosaurio.

Cierro este libro con el planteamiento del fin de los dinosaurios, algo indispensable para que esto que llamamos

México tenga futuro. No es solo que la democracia sea un buen régimen para vivir, es que no hay manera de que un país pueda ser exitoso en materia económica, de forma sostenible, si no es en democracia.[11] Imagino tres posibilidades para la destrucción de los dinosaurios. La primera, como ocurrió hace 65 millones de años, es un meteorito, es decir, una solución externa a nosotros; la segunda, la autodestrucción de esos reptiles, que terminarían por devorarse entre ellos; la tercera es que lográramos matarlos de hambre, que pudiéramos cambiar tanto el hábitat que no pudieran seguir depredando, viviendo de pastorear a los mexicanos y extraerles recursos.

Porque, a pesar de todo el poder que ha concentrado en su persona, aun con todo el daño que ha hecho, López Obrador no es sino un pequeño instante que pasará a la historia. Y, estoy convencido, de mala manera.

1

El régimen de la Revolución

No es buena idea tratar de entender el presente de una nación de forma aislada. El pasado pesa, pero también el contexto. La manera en que construimos nuestro país se refleja en instituciones, leyes, costumbres y tradiciones que limitan y perfilan las acciones que hoy pueden tomar los mexicanos. Decía Keynes que «los hombres prácticos, que creen estar libres de cualquier influencia intelectual, son usualmente esclavos de las ideas de algún economista difunto. Los locos con poder, que escuchan voces en el aire, destilan su locura de algún escribidor académico reciente. Estoy seguro de que el poder de los intereses creados se exagera mucho frente a la invasión gradual de las ideas».[1]

En este capítulo veremos cómo se construyó el régimen de la Revolución, sin entrar en demasiado detalle,[2] y haremos énfasis en la construcción institucional del «contrato social» del México del siglo XX. Ese arreglo es una combinación de intereses creados e ideas que va a limitar las opciones que tuvimos para terminar con él y construir una democracia funcional, como veremos en los capítulos siguientes.

Antecedentes

Como toda América Latina, México vivió una buena época durante la primera globalización, también conocida como el *patrón oro* (1870-1913). En esos años, el acelerado crecimiento de Europa y de los países europeos ubicados en otras regiones (Estados Unidos, Canadá, Australia y Nueva Zelanda) requirió una gran cantidad de insumos que debían buscarse en otras partes del mundo. La forma en que los obtuvieron dependió de las condiciones políticas (es decir, de la fuerza) de los países que tenían disponibles esos insumos.

En África, al sur del Sahara, no había cómo enfrentar el poder europeo, y todo el continente fue colonizado con extrema barbarie, como el Congo, propiedad personal de Leopoldo II, rey de Bélgica y hermano de Carlota, esposa de Maximiliano. En Asia, los europeos encontraron estructuras políticas en decadencia, pero suficientemente fuertes como para resistir el embate. La colonización fue muy desigual, desde países que resistieron por completo, como Japón, hasta regiones que no pudieron defenderse, como Indochina (Tailandia, Camboya, Laos, Vietnam). En India, los británicos lograron construir una coalición con señores locales *(raj)* y al final resultaron ser los constructores de la India moderna (que nunca antes había tenido un gobierno único para todo el subcontinente). Sometieron a la dinastía Qing, en China, pero no colonizaron el país.

En América, cuando Europa requirió insumos, encontró naciones recientemente formadas. En la década de 1820, casi todo el continente era ya independiente y las naciones se habían construido siguiendo la división administrativa (y religiosa) de la ocupación española. Cada una había logrado la independencia con el apoyo de los grupos que tenían poder antes de las reformas borbónicas. Fue una revancha contra el «nuevo» Gobierno español, que fue posible cuando Napoleón invadió España y humilló a los Borbones (1808). Estos grupos que enfrentaban a los *peninsulares* fueron llamados *criollos* en México. Así nos enseñan la historia.

Esos criollos formaban, en realidad, los grupos de poder local: comerciantes, burócratas, militares y religiosos que aprovecharon el vacío de poder tan común durante el período de los Habsburgo (1516-1719) y los primeros años de los Borbones (las reformas se inician en América en 1765). Fueron esos grupos los que promovieron y financiaron las luchas independentistas, aunque hayamos elegido como referentes a los pocos liberales que participaron: Hidalgo y Morelos en México; Bolívar, San Martín y O'Higgins en el sur.

Aunque esos grupos de poder fueron los que cosecharon la independencia, regresaron rápidamente a las formas de gobierno previas a las reformas borbónicas para seguir extrayendo recursos. Sin embargo, una vez que la población se movilizó, esto se hizo muy difícil, lo que resultó en la aparición de una figura propiamente latinoamericana: el caudillo. Con excepción de Chile, que era entonces una isla (el Pacífico por un lado, los Andes por el otro, el desierto al norte), todos estos países vivieron el caudillismo: Santa Anna en México, Rosas en Argentina, el Dr. Francia en Paraguay, etcétera.

Es importante mencionar que Brasil se movió de forma distinta al resto de América Latina. Cuando Napoleón invadió la península ibérica (lo que dio inicio a las independencias en este continente), los reyes de Portugal decidieron moverse a Brasil e «independizarse de Portugal», si quiere verse así.

Cincuenta años después de las independencias, los europeos llegaron a América buscando insumos. No pudieron colonizar abiertamente, como en África, ni asociándose con los nativos, como en Asia, de forma que no les quedó más que comprar lo que necesitaban. Los gobernantes de cada país fueron los que lograron capturar las rentas y obtener fortunas impresionantes. El azúcar, el tabaco, el café, el caucho, el henequén, el cobre y el estaño se sumaron a las exportaciones tradicionales de metales preciosos, que prácticamente habían sido lo único que España quería del continente.

Algo de la riqueza de esos años se convirtió en inversión: ferrocarriles, edificios públicos, urbanización. Buena parte quedó en manos de las élites locales, que no eran otros sino los «héroes que nos dieron patria». Las familias instaladas en la cúspide social en esa época se enriquecieron hasta niveles impensables poco antes, mientras que el resto de la sociedad se mantuvo en los niveles de supervivencia en que se encontraba, lo que provocó la gran desigualdad que todavía caracteriza a América Latina.[3]

El impulso que dio la demanda europea fue tal que países como Argentina y Uruguay alcanzaron niveles de ingreso equivalentes a los de los países más ricos del mundo, seguidos de Chile. México no llegó tan lejos, pero para inicios del siglo XX ya había superado el ingreso promedio mundial y rebasado a Japón, por ejemplo, en esta medición.[4]

La «Bella Época» llegó a su fin en 1913. La marcha de la locura en Europa provocó, a partir del año siguiente, una caída notable en el comercio internacional, que golpeó muy fuerte a América Latina, continente dedicado de lleno a exportar materias primas. Conforme la riqueza se evaporaba, crecía el descontento. Las migajas que antes llegaban a las mayorías se agotaban. Este derrumbe del comercio duraría hasta 1940, cuando la Segunda Guerra Mundial, a diferencia de la anterior, incrementó la demanda de materias primas provenientes de América Latina, incluyendo ahora el petróleo.

México había iniciado su caída poco antes, por la vejez de Porfirio Díaz, quien tuvo que renunciar a la presidencia en 1911, sin el ánimo suficiente para enfrentar una rebelión muy limitada que después llamaríamos pomposamente Revolución mexicana. En otra parte he sugerido que la Revolución mexicana nunca existió, me refiero al concepto que se enseña en las escuelas mexicanas, pero también a esa entelequia tan cara de académicos que cifran en ella el cumplimiento de sus propias utopías, y por ello imaginan procesos inexistentes e intenciones anacrónicas, que le dan a una multitud de agravios, rencillas, venganzas y una que otra batalla un sentido histórico que no tuvieron.[5]

A la renuncia de Díaz a la presidencia, siguió un intento de las élites políticas de construir un porfirismo sin Porfirio, primero usando al ingenuo ingeniero Francisco I. Madero y después tratando de colocar a Bernardo Reyes en el poder. En este último paso, se derrumbó todo y entramos en una franca guerra civil. Por tres años, México se hundió en el caos y la destrucción, provocando decenas de miles de muertes por hambre y enfermedad, y una migración de magnitud similar. Luego vinieron cuatro años del gobierno a medias de Carranza, asesinado a poco de terminar su encargo.

Sobrevivieron al caos, triunfantes, los jóvenes sonorenses que habían acompañado al viejo Carranza y habían sido capaces de construir múltiples alianzas con todo tipo de fuerzas: obreros, campesinos, maestros, líderes locales. Una vez en el poder, sucumbieron ante él de la peor manera posible: se mataron entre ellos hasta exterminarse, dejando el terreno libre a esas fuerzas con las que se habían aliado en el camino. Si a alguien se le aplica la famosa frase mexicana de «nadie sabe para quién trabaja», es a los sonorenses.

La década de los veinte, la década de la locura en Europa central, o del optimismo sin límites en Estados Unidos, es en México la década en que fueron reemplazados los hombres fuertes locales. Es la década de los jinetes del apocalipsis: Maximino Ávila Camacho, Tomás Garrido Canabal, Lázaro Cárdenas, Saturnino Cedillo, Adalberto Tejeda, todos hombres de horca y cuchillo, los verdaderos agraristas, quienes construyeron su poder local con base en el reparto de tierras «expropiadas», armas y monturas. Es a partir de ello que cada uno intentó construir su poder local y tener entonces la posibilidad de jugar a escala nacional. El asesinato de Obregón abrió el juego.

Puesto que Obregón murió cuando ya era presidente electo, el vacío de poder no era menor. Plutarco Elías Calles logró posponer el conflicto convocando a Emilio Portes Gil como presidente interino: un enlace entre callistas y obregonistas que daba tiempo a procesar la elección del presidente sustituto meses después. Para entonces, Calles había logrado consolidar sus alianzas y no le fue difícil desplazar a los obregonistas e impulsar a Pascual Ortiz Rubio, para después impedirle gobernar y reemplazarlo por Abelardo Rodríguez, más preocupado por hacer dinero que por atender la presidencia.

Sin embargo, en ese tiempo los jinetes del apocalipsis habían ido tomando posiciones. Todos ellos se sentían con la capacidad de gobernar el país y, entre ellos, Calles debía elegir al gobernante del nuevo sexenio. Tal vez la decisión haya sido la mejor, considerando las opciones. No dudo de que Calles hubiera considerado que la cercanía de Cárdenas con Francisco J. Múgica permitía esperar menos desastres de los que auguraban Adalberto, Maximino, Saturnino o Tomás. Múgica había sido el líder obregonista en la redacción de la Constitución y era el mentor de Lázaro Cárdenas. Seminarista en su juventud, era un socialista convencido y, en esa época, *socialista* significaba coincidir con la muy reciente URSS, no solo en declaraciones sino en acciones.

CONSTRUCCIÓN

Cárdenas llegó al poder en un mundo que estaba derivando hacia un autoritarismo pleno, en el que la democracia era muy poco popular. Para él, por ejemplo, la palabra no tenía mucho sentido y solía asociarla con igualdad económica, más que entenderla como un mecanismo de acceso al poder.[6]

Aunque Cárdenas llegó al poder por decisión de Calles, quien actuaba como Jefe Máximo de la Revolución, desde el principio empezó a construir una base política propia, que Calles no percibió a tiempo. Las movilizaciones obreras de 1935, que llevaron a la mitad de los trabajadores a las calles, las interpretaba el sonorense como actos «contrarrevolucionarios» cuando, muy probablemente, eran impulsadas a trasmano por el mismo Cárdenas. Sin duda las aprovechó y, montado en esa presión popular, se deshizo de Calles de forma definitiva en abril de 1936. Semanas después se fundó la Confederación de Trabajadores de México, que agrupaba a la mayoría de los sindicatos (no industriales), y los obreros empezaron a imaginar una revolución socialista. Cárdenas empezó entonces a repartir tierras, en cantidades ingentes, lo que le permitió hacerse de una base campesina con la cual contrapesar a las organizaciones obreras. Por encima de esas dos grandes fuerzas, estaba solo él.

El régimen de la Revolución mexicana fue una construcción cardenista que, si bien se erigía sobre cimientos sonorenses, prácticamente lo hizo enterrándolos. Ni la Constitución ni las leyes tendrían mucha importancia en lo que siguió, pero sí la elaboración cultural llamada *nacionalismo revolucionario*. Cárdenas aprovechó la estética de Jesús Helguera en afiches y calendarios, y de Diego Rivera y José Clemente Orozco en los murales, de manera similar a lo que entonces ocurría en todos los países que estaban construyendo regímenes parecidos, corporativos, a semejanza del *fascio* de Mussolini. Misma estética, misma concepción nacionalista, misma organización social siguiendo las funciones de cada grupo, así como una visión teleológica, que era en lo que se diferenciaban el comunismo de Stalin, el fascismo de Mussolini, el nazismo de Hitler o las variantes corporativas en toda Europa del Este y América Latina.

Todos ellos también partían de una estética que abrumaba: la exaltación de la fuerza, con superhombres como modelo, y la abundancia de concreto. *Brutalismo* se ha llamado a ese estilo tan desafortunado en términos estéticos, pero tan útil para imponer el poder del Estado por encima de todo. En palabras de Mussolini, «dentro del Estado, todo; fuera del Estado, nada».

Este tipo de régimen fue descrito por Juan Linz como uno con «un centro monístico de poder, movilización permanente, y una ideología que atraviesa toda la vida».[7] El poder concentrado en un pequeño grupo, o incluso una sola persona; la movilización social como soporte de ese poder, por encima de las leyes, y una visión del mundo que no se limitaba a la política, sino que afectaba todas las esferas de la vida diaria: nuevas formas de relación entre personas, recomposición familiar, diferente religiosidad, etcétera.

Como hemos dicho, en México, Cárdenas construyó su poder impulsando la movilización obrera incluso desde antes de tomar la presidencia, y la complementó con la movilización agraria como contrapeso, cuando aquella amenazaba con tomar vida propia, es decir, con la creación de la Confederación de Trabajadores de México (CTM) en 1936. Apoyado en esos dos grandes movimientos populares, Cárdenas eliminó cualquier oposición política, subordinó toda la estructura administrativa al presidente (Suprema Corte, Banco de México), creó un partido político corporativo, forzó la corporativización de los empresarios (Ley de Cámaras) y estableció reglas no escritas para la sucesión, el reto más importante de cualquier régimen.

A partir de Cárdenas, el presidente en México tendrá todo el poder que el sistema puede acumular, pero solo por seis años, al término de los cuales debe heredar su posición a una persona de otro grupo político. En palabras de Cosío Villegas, es una «monarquía temporal, hereditaria en línea transversa». Cárdenas pone el ejemplo eligiendo como sucesor a Manuel Ávila Camacho (previa desaparición física de su hermano Maximino) e imponiéndolo como presidente (como narra Gonzalo N. Santos en sus memorias). Años después, impidió el intento reeleccionista de Miguel Alemán, al promover como alternativa a Miguel Henríquez Guzmán, con lo que obligó a Alemán a disciplinarse.

Recientemente, el 18 de marzo de 2023, López Obrador reiteró su creencia de que Lázaro Cárdenas tenía como sucesor preferido a Francisco J. Múgica, pero tuvo que rendirse ante la presión de los «conservadores» y decidirse por Ávila Camacho. Es poco probable que eso haya ocurrido, pero es posible que, efectivamente, él crea eso o haya querido utilizar su discurso para descartar de manera definitiva un cambio en sus propias preferencias sucesorias.[8]

Contexto internacional

La Primera Guerra Mundial terminó mal. Francia aprovechó para tomar venganza de la guerra franco-prusiana (1868-1871), en la que la Alemania recién fundada le había quitado las regiones de Alsacia y Lorena. No solo eso, sino que exigió el pago de reparaciones por cantidades absurdas. Eso fue lo que llevó a Keynes a asegurar en su libro de 1919, *Consecuencias económicas de la paz*, que con ello se sentaron las bases de la Segunda Guerra Mundial. Así fue.

No solo Alemania sufrió grandes abusos después de la Primera Guerra Mundial, sino Italia, a la que no se le cumplió lo prometido, y sobre todo Rusia, que para el fin de la guerra ya había dejado de ser una monarquía. En su afán de evitar una guerra en dos frentes, Alemania había cometido un error que costó millones de vidas.

La Rusia zarista era un anacronismo. Aunque parte de las élites rusas aspiraba a imitar a Europa, en realidad dependían de una estructura económica, política y social muy atrasada y de una servidumbre que Europa había abandonado quinientos años antes. Frente al crecimiento económico europeo, Rusia quedaba cada vez más lejos y sus intentos por demostrar fuerza resultaban no solo patéticos, sino problemáticos. En 1905, Rusia fue derrotada por Japón en el Pacífico. Le recuerdo, por un Japón que tenía una economía más pequeña que México en ese mismo momento. El ingreso de Rusia a la Primera Guerra Mundial, decidido por el zar por cuestiones familiares, fue una pésima idea.

Muy pronto, Alemania empezó a causar destrozos en el ejército ruso y este empezó a sublevarse. Nadie quería seguir en una guerra en la que no podían combatir. En un esfuerzo por evitar mayores problemas, las élites de San Petersburgo convencieron al zar de retirarse parcialmente del Gobierno y dar paso a una república, que se estableció en febrero de 1917. Pero Nicolás II no se convencía de ser una mera figura decorativa (como desde hacía siglos lo eran sus familiares en Reino Unido) y dificultó mucho esa república de Kérensky.

Justamente en esos meses, Alemania decidió intervenir. Envió a un agitador ruso, que entonces vivía en Viena, en un tren sellado, para que no pudiera bajarse o subirse alguien más en el camino, hasta la estación Finlandia, en San Petersburgo. Ese agitador, Vladimir Ilich Ulianov, mejor conocido como Lenin, tenía una gran capacidad de comunicación, unas pocas ideas y un gran apetito de poder. Bajo su mando, un muy pequeño grupo de diputados de la Duma promovió un golpe, en octubre de 1917, que después hemos llamado Revolución de Octubre. No fue ninguna revolución, sino un golpe de mano que, con la genialidad de Lenin en la propaganda y con Trotsky en la organización, se convirtió en un reemplazo de la cabeza de ese deforme monstruo que era Rusia.

Lenin no solo tomaría el control del país más grande del mundo, sino que iba a construir una entelequia costosísima para la humanidad. Fue él quien resucitó a Marx, quien lo trajo de vuelta del cementerio ideológico en que se encontraba. Porque Marx, como muchos otros pensadores del siglo XIX, era buen alimento para académicos, pero nada más. El socialismo científico, el comunismo, no habrían existido en el siglo XX de no ser por Lenin y su pequeño grupo de seguidores.[9] Peor aún, de no haber sido por la idea alemana de sacar a Rusia de la guerra. O más, de no haber sido por esa Primera Guerra Mundial que nunca tuvo sentido.

Pero las cosas ocurrieron así, y no de otra manera. Para 1918, había una guerra civil en Rusia, entre quienes buscaban regresar a una especie de república (rusos blancos) y los que habían decidido defender la propuesta leninista (rusos rojos).

De nuevo, la genialidad estratégica de Trotsky le dio el triunfo a los revolucionarios, que muy rápidamente decidieron conformar un nuevo país, la Unión de Repúblicas Socialistas Soviéticas (URSS), anexándose pequeñas naciones, muy débiles, a todo lo largo: los países bálticos (Estonia, Letonia, Lituania), el este europeo (Moldavia, Ucrania, Bielorrusia), los caucásicos (Armenia, Georgia, Azerbaiyán), Asia central (Kazajistán, Kirguistán, Uzbekistán, Turkmenistán, Tayikistán). Para 1921, la URSS estaba completa. Al año siguiente, Lenin sufrió su primer derrame cerebral y comenzó la disputa por la sucesión, que muy pronto acabó en manos de Josef Visarionovich Jugahsvilli, conocido como Stalin.

Stalin tomó el poder a la muerte de Lenin, en enero de 1924, y no lo soltaría sino hasta su muerte, en 1953. Desde el principio provocó serias dificultades económicas en la URSS, que alcanzaron un punto culminante en 1932-1933, cuando no alcanzaba siquiera para alimentar a la población y Stalin decidió matar de hambre a millones de ucranianos, en un evento conocido como Holodomor. Poco después, Stalin inició el proceso de purgas (1936-1937) que le permitiría consolidar su poder, pero al mismo tiempo dejaría muy debilitado al ejército soviético.

En esos años de construcción de la Unión Soviética, posteriores al fin de la Primera Guerra Mundial, los disturbios no ocurrían solo ahí. La caída del Imperio alemán y del austrohúngaro representó el fin de una forma de vida que llevaba siglos. De pronto aparecieron naciones donde no las había y todas ellas fueron resultado de una negociación de salón, encabezada por Woodrow Wilson, presidente de Estados Unidos y antes presidente de la Universidad de Princeton, quien se consideraba una persona especialmente calificada para guiar al mundo. Es él quien inventó esas naciones que deberían reemplazar a los imperios: Alemania y Austria mutiladas, Polonia, Checoslovaquia, Hungría, Rumania, Yugoslavia.

En cada lugar no había ni sentimiento nacional, ni lenguaje común ni organizaciones civiles o políticas que pudieran tomar las riendas de los procesos desatados por la guerra y la paz. En esas naciones privaba el desconcierto de la derrota, la destrucción y el deterioro económico, lo que facilitó las opciones extremas. Por un lado, activistas revolucionarios apoyados desde la URSS; por otro, políticos autoritarios que empezaron a replicar los métodos que tanto le habían funcionado a Mussolini en Italia. De hecho, todos los nuevos regímenes políticos en Europa central y del Este en esos años van a emular el fascismo, tanto en la movilización social como en el autoritarismo centrado en una persona, y en la construcción ideológica asociada a utopías racistas o clasistas, como ahora se le dice.

Menciono todo esto porque es importante tener el contexto en el que se fundó el régimen de la Revolución. El gobierno de Carranza (1916-1920) coincidió con la Revolución de Octubre y el inicio de la guerra civil rusa; fue también el fin de la Primera Guerra Mundial y de las fracasadas revoluciones socialistas en Europa central (como en Alemania, 1919).

El de Obregón (1920-1924), con la creación de la URSS, la enfermedad y muerte de Lenin, y el ascenso de Stalin. En ese mismo período, Mussolini lanzó la Marcha sobre Roma (1922) y tomó el poder. También entonces ocurrió el fallido *Putsch* de la Cervecería, de Adolfo Hitler (1923).

Durante el gobierno de Plutarco Elías Calles (1924-1928), el entorno internacional era relativamente tranquilo, pero en México se abrieron distintos frentes. Por un lado, Obregón arrancó su camino a la reelección, con una reforma constitucional en 1926 que provocó reacciones en contra del movimiento obrero, entonces organizado alrededor de Luis N. Morones (quien pensaba que podía suceder a Calles en 1928), mientras que, por otro lado, la Iglesia católica respondió a las agresiones de Calles con la guerra cristera. En ese contexto, más turbulento en México que en el exterior, fue asesinado Álvaro Obregón, ya como presidente electo, lo que dio inicio al período conocido como el Maximato, extensión del título que adoptó Plutarco Elías Calles para colocarse por encima de la disputa política: Jefe Máximo de la Revolución.

Para evitar una nueva etapa de guerra civil, Elías Calles convenció a Emilio Portes Gil de hacerse cargo de la presidencia de manera interina, mientras que él convocaba a todos los jefes revolucionarios a construir un único partido político, que sería el encargado de administrar el proceso de sucesión. El partido se fundó el 10 de abril de 1929, pero desde su fundación fue controlado por Calles para evitar ceder el poder a los obregonistas. En ese evento se designó como candidato presidencial del nuevo partido, el Partido Nacional Revolucionario (PNR), a Pascual Ortiz Rubio, dejando fuera a Aarón Sáenz, el candidato obregonista.

La elección se realizó en noviembre de 1929, apenas dos semanas después del *crack* bursátil en Nueva York. Ortiz Rubio ganó la presidencia, gracias a que el PNR impidió que alguien más le hiciera sombra. Ni Aarón Sáenz ni José Vasconcelos lograron derrotar al candidato oficial. Así sería por varias décadas: no habrá manera de ganarle al «partidazo». La presidencia de Ortiz Rubio fue un fracaso total. Calles no le cedió el poder y «el nopalito» se cansó de las humillaciones, de manera que renunció al cargo, el cual ocuparía para terminar el sexenio Abelardo L. Rodríguez. En ese tiempo, Adolfo Hitler tomó el poder en Alemania (1933) y el entorno internacional volvió a ser mucho más turbulento que en México.

El contexto era, pues, de la mayor importancia. Cárdenas fue elegido como sucesor de Abelardo L. Rodríguez en 1933. Hitler ya tenía el poder en Alemania y aprendió de Mussolini cómo destruir, desde dentro, las instituciones políticas. En la URSS era el año de la primera purga de Stalin, que empezó a eliminar cualquier asomo de competencia, preconizando las purgas totales de 1937 y 1938. A finales de ese 1933, Franklin D. Roosevelt fue elegido presidente de Estados Unidos.

CONSOLIDACIÓN

Al término de la Segunda Guerra Mundial, Ávila Camacho eligió como sucesor a un presidente proveniente del carrancismo. Heredero de Cándido Aguilar, Miguel Alemán era el primer presidente civil después de la Revolución. Sin certeza acerca de su seguridad, Alemán fortaleció su posición militar con el Estado Mayor Presidencial, una especie de guardia pretoriana que compensara el poder del ejército, al que también retiró de la vida política al eliminar el sector militar dentro del partido gobernante, que con ello cambió de nombre: de Partido de la Revolución Mexicana, el nombre que le había puesto Cárdenas, a Partido Revolucionario Institucional.

Aunque Alemán no fue el primero en enriquecerse en la presidencia, lo hizo de manera ostentosa, lo que provocó molestia entre diversos grupos políticos, la cual se convirtió en rebeldía cuando Alemán llegó a jugar con la idea de reelegirse, por sí mismo o mediante interpósita persona (su secretario de la presidencia, Fernando Casas Alemán). Fue entonces que Cárdenas promovió la candidatura de Henríquez Guzmán por la Federación de Partidos del Pueblo Mexicano, que posteriormente se transformará en el Partido Popular Socialista. Su alfil en ello era Vicente Lombardo Toledano, el mismo que lo ayudó a desarrollar el pilar obrero —pero quien fue después defenestrado de su creación—, la CTM.

Frente a la amenaza de una ruptura, Alemán aceptó elegir como sucesor a Adolfo Ruiz Cortines, también político veracruzano y cercano a Carranza (fue el encargado de cuidar el tesoro nacional cuando don Venustiano intentaba fugarse hacia Veracruz), pero de un diferente grupo político. Mientras que Miguel Alemán desarrolló su carrera política al amparo de Adalberto Tejeda, Ruiz Cortines lo hizo en el entorno de Heriberto Jara, enemigo de Tejeda.

Lo mismo sucedió con la sucesión de Ruiz Cortines, quien eligió a Adolfo López Mateos, joven seguidor de José Vasconcelos, pero cuya carrera política ocurrió al amparo de Isidro Fabela, constructor del grupo más fuerte del Estado de México, muchas veces referido como Grupo Atlacomulco. Sucedió a este Gustavo Díaz Ordaz, político poblano, pero con fuerte apoyo también desde Oaxaca (Bolaños Cacho).

Salvo el caso de López Mateos, todos los presidentes de México durante el período de consolidación del régimen fueron gobernadores antes de hacerse cargo de la presidencia. Cárdenas mismo fue gobernador de Michoacán; Ávila Camacho y Díaz Ordaz, de Puebla; Alemán y Ruiz Cortines, de Veracruz. También, con la misma salvedad, todos llegaron a la presidencia pasando el escalón de la Secretaría de Gobernación. López Mateos lo hizo desde la Secretaría del Trabajo.

En los 24 años del régimen consolidado (1946-1970), la estabilidad política coincidió con la posguerra, un período en el que el mundo se ha dividido en dos polos y el occidental ha optado por evitar los errores al final de la Primera Guerra Mundial que ya hemos comentado. Para ello, en lugar de abusar de los vencidos, se buscó cómo incorporarlos nuevamente en el concierto internacional (como dice el lugar común). De hecho, el concierto será muy diferente a partir de 1946. Gran Bretaña, que terminó en malas condiciones la Primera Guerra Mundial, para el final de la Segunda ya no tenía mucha importancia. Estados Unidos, en cambio, dejó de actuar como un árbitro externo (como lo hizo en 1918) para convertirse en un participante.

En 1944 se llevó a cabo una reunión en Bretton Woods, Nuevo Hampshire, en la que se estableció el arreglo que permitiría un período económico extraordinario: 25 años de crecimiento sin inflación. Para evitar las graves crisis inflacionarias, que en los años veinte destruyeron las economías del centro de Europa, se creó el Fondo Monetario Internacional, que se concentraría en evitar la crisis de la balanza de pagos, al apoyar a los gobiernos con créditos que, a cambio, exigían ortodoxia en cuanto a la política económica, es decir, un déficit fiscal muy bajo. Para reducir el riesgo de desempleo, se creó el Banco de Reconstrucción, que después cambió de nombre a Banco Mundial. Había la idea de crear una Organización Internacional de Comercio, que no pudo concretarse por la oposición de los países latinoamericanos.

El eje del acuerdo era una versión actualizada del patrón oro. Como ya lo comentamos, la versión original fue impuesta por Gran Bretaña, que controlaba las minas más importantes de ese metal, por lo que le convenía que todas las monedas tuvieran un tipo de cambio fijo con el oro. Después de la Segunda Guerra Mundial, con Estados Unidos como gran vencedor, el arreglo fue establecer tipos de cambio fijo de las monedas con el dólar, y de este con el oro. Este pequeño ajuste le daba a Estados Unidos una posición de privilegio, correspondiente con su posición hegemónica.

De 1946 a 1968, todos los países registraron tasas de crecimiento elevadas, como hemos dicho. En una perspectiva más amplia, el crecimiento de esas dos décadas compensaba el mal desempeño de la entreguerra, pero la ilusión general era que, con el arreglo de Bretton Woods, se logró algo especial. Abonaba a esta ilusión que el Estado de Bienestar, que en realidad comenzó alrededor de la Primera Guerra Mundial, alcanzó su madurez después de la Segunda. Es entonces cuando la educación, la seguridad social y la salud se hicieron universales en los países europeos. En Estados Unidos, la educación lo era desde mucho antes, la seguridad social se aplicaba solo a los trabajadores del Estado (los empleados de la industria privada financiaban su propio retiro) y no se estableció un sistema de salud público amplio.

En América Latina hubo esfuerzos por imitar el estado de bienestar, pero sin contar con sistemas eficientes de recaudación. Fue posible esconder el fracaso porque la mayoría de la población vivía en el campo y sus quejas no llegaban a las ciudades, pero hacia los años setenta eso cambiaría por completo. El peor caso fue el de México, que nunca desarrolló capacidad fiscal.

Para entender mejor el proceso, conviene recordar que, en 1930, México tenía poco menos de 20 millones de habitantes,

de los cuales casi 13 millones (65 %) vivían en el campo. Para
1960, la población alcanzó 35 millones y menos de la mitad
vivía en zonas rurales. La población urbana pasó de siete
millones a 18 millones de personas en esos treinta años, mientras que en el campo el crecimiento fue de 13 millones a 17 millones. Para 1970, la población superó los 48 millones y ya
eran más de 28 millones en las ciudades.[10] El régimen político construido en los años treinta, sustentado en la reforma
agraria y el sindicalismo oficial, tuvo que irse ajustando en
la posguerra a una población mucho más urbana, que además
se dedicaba mayoritariamente a los servicios, no a la industria, por lo que el control de los trabajadores se limitó a quienes trabajaban en transportes y al servicio del gobierno. No
era fácil sindicalizar a los demás.

La economía creció un 73 % entre 1935 y 1946, una tasa promedio anual de 2.8 %, por habitante. Para 1960, el crecimiento,
desde el primer año del gobierno de Cárdenas, ya acumulaba
un 390 %, una tasa promedio anual por persona de 4.8 %. Ese
crecimiento espectacular, al igual que en el resto del mundo,
fue producto de dos cosas. Por un lado, el estancamiento
ocurrido desde el inicio de la Primera Guerra Mundial (en
México, de 1910 a 1935, el crecimiento total por habitante fue
de -9 %) y, por otro, el arreglo de Bretton Woods. Al considerar todo el período, desde 1910 hasta 1960, el crecimiento per
cápita alcanzó un muy moderado 1.5 % anual.[11] Es lo que hay
que evaluar cuando se habla de los éxitos de la Revolución:
su destrucción durante 25 años y el crecimiento posterior. Al
final, no resultó tan buena idea.

El crecimiento posterior a la Segunda Guerra Mundial exigía arreglos que no existían en México. Puesto que Bretton Woods obligaba a tipos de cambio fijos, no era posible tener grandes movimientos internacionales de capital, de manera que todo el crecimiento debía financiarse con recursos internos o con un saldo positivo de la balanza comercial. Industrializarse en esas condiciones implicaba extraer recursos del campo para trasladarlos a la ciudad: dólares de exportaciones agropecuarias, pesos para invertir y personas para trabajar en la industria y los servicios.

En el proceso había que crear empresarios, que tampoco había en cantidad suficiente, y eso se realizó, como todo lo demás, desde el poder del Estado. Retomo algunos párrafos acerca de la creación de la oligarquía nacional durante el régimen de la Revolución, de mi libro *Cien años de confusión*:

> Con los gobiernos revolucionarios se hace necesario restablecer las alianzas que den garantías a los empresarios. Así, al igual que ocurrió en el porfiriato, tanto el sistema financiero como la industria en general se entremezclan con el gobierno. Durante el período de los sonorenses, lo más espectacular es el uso del sistema financiero. Incluso el Banco de México, que en un principio tenía un área comercial, se dedica a financiar políticos, entre ellos al mismo Plutarco Elías Calles, a sus yernos los Torreblanca, a Aarón Sáenz, Luis N. Morones, Alberto Pani, Luis Cabrera y Álvaro Obregón, a quien le sufragó una deuda de 1.4 millones de pesos, algo similar a lo que hizo el

Banco Nacional de Crédito Agrícola, que pagó un millón de pesos que Obregón adeudaba.[12] Este banco también prestó a Abundio Gómez, gobernador del Estado de México, a José Gonzalo Escobar (antes de que se levantara en armas), a Joaquín Amaro, Gilberto Valenzuela y Luis León.[13]

Nacional Financiera es creada en 1934, y será utilizada por el gobierno para crear o impulsar empresas privadas. En 1942 fue el soporte de la creación de Altos Hornos; entre 1940 y 1948, de diversas empresas cementeras; en 1943, de Guanos y Fertilizantes, poco después, Celanese Mexicana.[14] Nacional Financiera también sirvió para rescatar empresas con cierta frecuencia, de manera que para mediados de los sesenta financiaba más de 500 empresas. Tenía acciones de 41, de las que 29 eran administradas por la iniciativa privada, y en 12 era mayoritaria: dos ingenios azucareros, Rosales e Independencia, fábricas de papel de Tuxtepec y Atenquique, Altos Hornos y Siderúrgica Nacional, Ayotla Textil y Operadora Textil, Refrigeradora del Noroeste, guanos y fertilizantes, chapas y triplay, y maderas industrializadas de Quintana Roo.[15]

El sistema financiero del régimen de la Revolución es menos escandaloso que en los tiempos de los sonorenses, y más parecido al porfiriato. Los dos grandes bancos de entonces, Banamex y Banco de Londres y México continúan operando. Un tercer gran banco se crea mediante la asociación de pequeños bancos regionales al Banco de Comercio. Bancomer fue fundado por el grupo BUDA (Raúl Bailleres, Salvador Ugarte, Mario Domínguez y Ernesto Amezcua). Entre los socios regionales se incorporó William Jenkins, cuyo operador era Manuel Espinosa Yglesias. «En uno de los aumentos de capital del banco, que ocurrió mientras Jenkins viaja por Europa, Espinosa aprovechó la situación para tomar el control de la institución». Inconformes, se separan Bailleres, Domínguez y Amezcua. También sale Carlos Trouyet, que los invita a invertir en Banco Comercial Mexicano (después Comermex), en donde también estaba Eloy Vallina. Bailleres abandonó poco después para crear su propio banco, Crédito Minero y Mercantil. Además de estos bancos, no está de más mencionar al Banco Mexicano, del expresidente Abelardo L. Rodríguez, y el Banco Internacional, de Luis Montes de Oca, anteriormente secretario de Hacienda.[16] Por cierto, Montes de Oca y su banco, con apoyo de Nacional Financiera, están entre los impulsores de la industria cementera, específicamente de Cementos del Bajío y Cementos de Guadalajara, cuyo accionista mayoritario era Jorge Henríquez Guzmán, el accionista más importante de Altos Hornos de México, y hermano de Miguel, candidato frustrado en la elección de 1952.[17]

La opinión de Ortiz Mena sobre Espinosa Yglesias era diferente de la de estos banqueros. Para él, fue una presencia positiva en el sistema bancario.[18] Tal vez porque Trouyet y Vallina, junto con Bruno Pagliai, eran muy amigos de Miguel Alemán, expresidente de la República y no muy cercano a Ortiz Mena.[19] Pagliai y Alemán fundaron, junto con Jorge Larrea, el Grupo Industrial Minera México.[20]

Al igual que en la política, en la economía la ley se aplica conforme se necesite, de manera discrecional, por lo que para hacer negocios es mejor estar aliado con la política, de otra forma el asunto se vuelve muy complicado, y más para un extranjero. Sin embargo, resulta que un porcentaje muy importante de los grandes empresarios mexicanos es de origen extranjero.[21] De acuerdo con Vernon, cerca de la mitad de los líderes empresariales tenía abuelo paterno nacido fuera de México. Él mismo concluye, a inicios de los sesenta, que los empresarios mexicanos no son, normalmente, hombres hechos a sí mismos, sino un grupo que «ha adquirido su estatus por acrecentamiento —en capital, educación y posición— en más de una generación».[22]

La cercana relación entre negocios y política que se podía percibir en México en la posguerra le hacía pensar a Vernon en procesos similares ocurridos en Inglaterra a inicios del siglo XIX, o en Estados Unidos al final de ese siglo, perspectiva que comparte Hansen: «A pesar de la continua preeminencia de las actividades del sector público, el Gobierno mexicano es un "gobierno de los hombres de negocios" en la misma medida que cualquiera de los gobiernos de los Estados Unidos durante la décadas en que predominó el Partido Republicano (1860-1932)».[23]

Pero «el control económico no ha tenido necesariamente como resultado una mayor independencia económica. De hecho, la expansión de la participación económica estatal ha ayudado directa o indirectamente a la expansión del capital privado, fortaleciendo como consecuencia a las facciones dominantes de la burguesía».[24] Como ejemplo, no solo los subsidios a empresas por parte de CFE y Pemex, sino que, además, «el gobierno se ha hecho cargo de muchos de los anticuados ingenios azucareros del país debido a la incapacidad del sector privado para administrarlos lucrativamente».[25]

Por otra parte, a instancias de Pani se crean las confederaciones de cámaras, tanto la de comercio (Concanaco) como la industrial (Concamin). Antes de ellas solo existía la Confederación Patronal de la República Mexicana, Coparmex, que fue siempre considerada de oposición al régimen. La Cámara Nacional de la Industria de la Transformación, antes conocida como CNIT y ahora como Canacintra, se funda posteriormente, agrupando a pequeños y medianos empresarios, más proteccionistas que los afiliados a la Concamin.[26]

La orientación proteccionista de los empresarios ya la había registrado Miguel Alemán, que en las mesas redondas que organizó con ellos durante su campaña solo recibía peticiones de bloquear las fronteras para allanar el camino a los empresarios nacionales.[27] Lo mismo ocurriría con respecto a la inversión extranjera, que los empresarios mexicanos solo aceptaban cuando no competía con ellos, como le ocurrió a la Concanaco, que acostumbraba defenderla, hasta que llegaron las inversiones comerciales, como Sears Roebuck.[28]

En suma, durante la posguerra se consolidó en México el régimen de la Revolución, con base en un «monarca temporal» sostenido por un sistema corporativo en el que los sindicatos fueron tomando fuerza conforme las centrales campesinas lo perdían, pero que además incluía una relación de complicidad con las grandes fortunas que se fueron creando al amparo del poder. Se toleró la supervivencia de algunas dinastías empresariales previas (Monterrey o Chihuahua), pero el grueso del impulso fue hacia los socios del régimen, ubicados en Ciudad de México. Finalmente, se consintió a la naciente clase media con impuestos bajos. A cambio, el Gobierno ofrecía muy poco: educación primaria, servicios de salud con el IMSS y servicios públicos limitados. Alcanzaba al principio, pero para mediados de los sesenta, dejó de hacerlo. Y, justo entonces, el contexto internacional favorable también se vino abajo.

2

El fin del régimen

Para analizar el fin del régimen, ofrezco tres perspectivas: lo que era fácilmente perceptible, la superficie; los movimientos que no eran nada simples de ver en el momento, pero que pronto pudieron notarse —las aguas profundas—, y el abismo, el fondo que se ha convertido, tres décadas después, en el lodazal en que nos encontramos. Por ser visiones de diferente profundidad de los mismos fenómenos, algunos eventos y fechas pueden repetirse, pero espero que sea clara la diferencia de nivel cuando eso ocurra.

Superficie

Creo que el punto de inflexión es 1968. Por un lado, es el año de la derrota de la izquierda en Occidente, aunque esa fuerza política lo sigue considerando un año mítico. Ese mismo carácter confirma que hubo un antes y un después. Acciones que antes parecían revolucionarias, después tendrán un carácter menos romántico y en muchos casos se considerarán simples actos terroristas. Por otro lado, es también el año en que comienza una transformación en el sistema financiero internacional, que se hará evidente tres años después, con la declaración del final del acuerdo de Bretton Woods.

En 1968, hubo movilizaciones populares en distintos países. En el espacio occidental, los estudiantes salieron a las calles en Francia y México, al igual que lo hacían los discriminados en Estados Unidos, especialmente quienes ahora se llaman afroamericanos. En todos los casos, las movilizaciones fueron derrotadas. En Francia, por una reacción de obreros y el regreso al poder de De Gaulle; en México, por la represión gubernamental; en Estados Unidos, por los asesinatos de Martin Luther King y Robert Kennedy, así como por el desastre en que se convirtió la Convención Demócrata en Chicago en esos días. Mención aparte merece Checoslovaquia, donde el movimiento popular, impulsado por el propio presidente, fue aplastado por los tanques soviéticos.

Después de 1968, las acciones de la izquierda «popular» en Occidente gozaban de poco apoyo público y su deriva en movimientos armados, siempre marginales, facilitó su destrucción. Del Septiembre Negro a Baader-Meinhof, pasando por las Brigadas Rojas, la Liga 23 de Septiembre, Montoneros o Tupamaros, nada bueno se obtuvo. Asesinatos, bombas, ejecuciones y cárcel, que no aportaron nada a los grupos por los que, se suponía, luchaban esos colectivos.

Por otra parte, también a partir de 1968 empezó a crecer la inflación en Occidente. El origen, como es frecuente, fue un exceso de gasto gubernamental. En Estados Unidos, para ampliar el apoyo a los grupos marginados, pero también para financiar la guerra en Vietnam; en Europa, por la ampliación del Estado de Bienestar. Bajo el acuerdo de Bretton Woods, el sistema financiero internacional consistía en tipos de cambio fijos, lo que obligaba a un flujo limitado de capital entre países. Todas las monedas mantenían una paridad fija con el dólar y este con el oro. Puesto que no hubo incrementos en las reservas de oro en Estados Unidos, los excesos de gasto implicaban la necesidad de devaluar esa moneda frente al metal precioso, pero eso era imposible cuando todas las demás monedas tenían una paridad fija.

La solución que encontró Richard Nixon fue denunciar el acuerdo de Bretton Woods, el 15 de agosto de 1971. A partir de ese momento, el dólar abandonaba la paridad fija con el oro y sería el mercado el que fijaría la relación. Todas las demás monedas quedaban en el aire y, para buscar un arreglo, representantes de las cinco economías más grandes del mundo se reunieron en el Instituto Smithsoniano, en Washington, D. C. Las reuniones terminaron con un acuerdo para la paridad entre sus monedas, pero también nos heredaron los grupos numéricos: Francia, Reino Unido, Estados Unidos, Alemania y Japón conformaron el G5, al que después se agregarían Canadá e Italia para transformarlo en el G7, que sigue vigente. Es interesante notar que los dos derrotados en la Segunda Guerra Mundial, 25 años después se habían recuperado hasta encontrarse entre las cinco economías más importantes del planeta.

La liberación de los tipos de cambio implicaba que los flujos de capital también se liberaban. A partir de ese momento se podía transferir dinero entre las economías sin grandes dificultades. Esto resultaría muy importante apenas unos años después, cuando el incremento en el precio del petróleo trajo grandes riquezas a los países árabes.

En octubre de 1973, Egipto, Siria y Jordania atacaron Israel, como venganza por la derrota que el primero había sufrido en 1967, en la Guerra de los Seis Días. Atacaron el día en que los judíos celebran su pacto con Dios, Yom Kippur, y con ese nombre se conoce ese conflicto que duró muy poco tiempo. A pesar de la sorpresa, y de ser el día sagrado del pueblo judío, Israel respondió con mucha rapidez, eliminando a Siria y Jordania en pocas horas, y después derrotó claramente a Egipto. Ese país se negó a aceptar la derrota y su dirigente, Gamal Abdel Nasser, sostuvo que Israel solo podía derrotarlos por contar con el apoyo de Occidente, de manera que, a partir de ese momento, no venderían una gota más de petróleo a esos países. El «embargo árabe», como se le conoció a ese momento, provocó que el precio internacional del crudo pasara de tres a 12 dólares en pocas semanas.

Este gran incremento en el energético más utilizado de la época alimentó la inflación que venía creciendo desde hacía cinco años, pero también provocó una caída en la actividad económica. Los Gobiernos occidentales, en su mayoría provenientes de partidos de izquierda, optaron por enfrentar la caída de la actividad antes que la inflación y aumentaron su gasto público. Aunque redujeron el golpe, incrementaron la inflación.

En 1979, grupos fundamentalistas islámicos se rebelaron contra el gobierno monárquico en Irán y expulsaron al sha. En su lugar, trajeron a un ayatolá que había fomentado esas revueltas desde París, con el entonces novedoso mecanismo de enviar casetes grabados con sus discursos, que sus seguidores escuchaban fervorosamente. La llegada de Ruhollah Jomeini a Irán se acompañó de la toma de la embajada estadounidense, así como de centenares de rehenes, lo que le permitió al nuevo gobernante humillar a ese país y con ello consolidar su poder. Esta revolución provocó que Irán dejase de vender crudo y con ello el precio internacional pasó de veinte a cuarenta dólares por barril. En menos de seis años, el precio del crudo se había multiplicado por 12.

El golpe inflacionario ya no pudo esconderse y, en donde hubo elecciones, los votantes optaron por despedir al gobierno e invitar a la oposición. En Reino Unido, fue Margaret Thatcher quien subió al poder; en Estados Unidos, Ronald Reagan. Dos años después, también reemplazando al gobierno, en Francia fue elegido Mitterrand, un político de izquierda que, sin embargo, también aplicó medidas económicas similares a las de los otros dos gobernantes. Lo mismo ocurriría en los siguientes años en América Latina, aunque no por las buenas.

En esta década que hemos descrito muy por encima, el mundo occidental se estaba ajustando. Por un lado, para frenar los excesos de la posguerra; por otro, porque entraban nuevos actores en escena. Después de 25 años de un sistema financiero internacional muy funcional frente a la recuperación, las virtudes se habían convertido en defectos: incorporar a toda la población a servicios de educación, salud y seguridad social era sin duda una gran idea, pero el costo fue superando paulatinamente la capacidad de recaudación de los gobiernos. El déficit en que incurrían, financiado por la misma ciudadanía (es decir, con deuda interna) presionaba poco a poco los precios y, como decíamos, desde 1968 esa presión ya no era menor.

En ese contexto, el constante conflicto entre los países árabes e Israel, que se había agravado en los años sesenta con la aparición de la Organización para la Liberación de Palestina (OLP), un grupo terrorista que en su momento fue interpretado por muchos como revolucionario, dio origen a los dos conflictos que hemos mencionado, la Guerra de los Seis Días en 1967 y la de Yom Kippur en 1973. No está de más recordar que, después de la Segunda Guerra Mundial, el mundo quedó dividido en dos partes. Por un lado, Estados Unidos y Europa occidental, y, por el otro, la URSS. Cada uno de esos grupos intentaba empequeñecer al otro, especialmente ocupando sus espacios. Se aliaron a Estados Unidos los países latinoamericanos (un poco a fuerzas); a la URSS, casi todo el Medio Oriente, India, China e Indochina, conforme lograba independizarse de Francia. África se peleaba en todas partes. Bajo la óptica de la Guerra Fría —como se conoce ese período—, cualquier rebelión en un país aliado era considerada, en primera instancia, una intervención del otro polo, y era tratada sin piedad. Esto no excusa las acciones represivas en gobiernos de diferente signo, pero ayuda a entender su motivación.

En los años setenta, con el desprestigio de la izquierda «revolucionaria» en todo Occidente, los problemas económicos no llevaron a revueltas, sino a elecciones en las que los votantes optaron por el signo contrario. Las ideas económicas que durante la posguerra se fueron convirtiendo en ortodoxia y olvidaron los detalles, siempre tan importantes, fueron reemplazadas por las que se habían quedado en la academia. En los términos de entonces, el monetarismo reemplazó al keynesianismo. Con el tiempo, ocurrirá lo contrario: esas nuevas ideas se anquilosaron y con la Gran Recesión de 2008 cayeron en desgracia, pero eso ya lo veremos después.

En los años setenta, el cambio en el entorno internacional, decíamos, trajo consigo tipos de cambio flexibles y también libre flujo internacional de capitales. En los primeros años, este fue muy pequeño, pero a partir de 1975 las cosas cambiaron. El embargo petrolero que mencionamos, la gran alza del precio del crudo, permitió que los gobernantes de los países árabes acumularan fortunas extraordinarias, que no les eran de gran utilidad en sus países, de forma que fueron depositadas en bancos e instituciones financieras de Europa y Estados Unidos. Estas instituciones, con el gran incremento de los depósitos, requerían alguien a quien prestarle, para equilibrar sus cuentas.

En esa década, América Latina sufría el mayor golpe demográfico. El gran crecimiento poblacional de los años sesenta significaba, una década después, una demanda inmensa por educación, salud, servicios públicos, para lo que los gobiernos no tenían recursos. En la década previa, esa mayor demanda simplemente se dejaba insatisfecha, pero, para los setenta, había la posibilidad de conseguir préstamos en Europa y Estados Unidos, préstamos que permitirían mantener contenta a la población y que no parecían un problema serio. Las tasas de interés eran un poco más altas, pero antes no había mucha disponibilidad de dinero y ahora sí.

Todos pidieron prestado y todos recibieron préstamos. Sobraba dinero en Europa y Estados Unidos; faltaban recursos en América Latina. Gracias a ese dinero, los gobiernos de la época, autoritarios en su mayoría, pudieron sostenerse unos años más. Pero con la Revolución iraní y la nueva alza del precio del crudo, los países europeos optaron por cambiar de política. La elección de Thatcher y Reagan fue acompañada de una política monetaria mucho más restrictiva; en Estados Unidos, la más restrictiva de su historia. En pocos meses, en 1980, la tasa de interés pasó del 5 al 22 %, con lo que los créditos que tenían los latinoamericanos eran de pronto impagables. Le tocó a México ser el primero en reconocer esa imposibilidad, con el sexto informe de gobierno de José López Portillo, quien anunció al cierre de ese acto que ya no teníamos dólares y por lo tanto establecía el control de cambios y estatizaba la banca. Fue la culminación de 12 años de errores en la conducción nacional que dieron inicio al proceso que nos ha llevado adonde estamos hoy, más de cuarenta años después.

LA DOCENA TRÁGICA

Luis Echeverría llegó a la presidencia el 1.° de diciembre de 1970, después de una campaña en la que se cansó de criticar a su antecesor, quien incluso estuvo a punto de romper con la tradición del régimen de la Revolución y retirarle la candidatura. No lo hizo, y Echeverría ganó como lo hicieron todos los candidatos impulsados por el régimen desde 1924. Incluso antes de ganar, su decisión más importante fue exigir la renuncia de Antonio Ortiz Mena a la Secretaría de Hacienda, que ocurrió tres meses antes de la toma de posesión de Echeverría. Al día siguiente de esa renuncia, murió don Rodrigo Gómez, director del Banco de México, puesto que había ocupado por 18 años. Echeverría entraba a la presidencia con las manos libres para decidir la política económica.

No contento con el desplazamiento de Ortiz Mena y de Gómez, Echeverría decidió construir un equipo nuevo para dirigir la economía nacional. En un principio, nombró a alguien razonablemente ortodoxo en Hacienda, Hugo B. Margáin, pero en Patrimonio Nacional llamó a Horacio Flores de la Peña, que representaba a un grupo muy diferente del que había participado en la política económica en los 24 años previos. Ahora sería la Escuela de Economía de la UNAM la que guiaría los destinos nacionales en esa materia.

Como hemos visto, con Bretton Woods el tipo de cambio fijo impedía el flujo internacional de capitales y todo el crecimiento debía financiarse localmente. Esto significa que industrializar al país implicaba saquear al campo, porque era el único lugar de donde se podía obtener los recursos necesarios para dicha industrialización. Ese saqueo, que rara vez se analiza, consistía en mover las ganancias del sector primario a inversión en el sector industrial y desplazar a la población hacia las ciudades.

Una característica específica de América Latina en esos años fue el rechazo al comercio internacional. Desde la CEPAL, creada al inicio del período, se promovía la idea de «sustituir importaciones» como una forma de industrialización. Para lograrlo, había que elevar el costo de las importaciones y favorecer con ello la producción local. Pero ese mayor costo de las importaciones acabó siendo una barrera al comercio que protegía la ineficiencia local, más que la producción. En términos de ideas económicas, la propuesta de la CEPAL corresponde a lo que suele denominarse *mercantilismo*, la creencia en que la riqueza es resultado de la producción y por eso hay que incrementarla. No es tan grave como la idea del valor-trabajo, base del marxismo, pero también es equivocada.

En el caso de México, se sumó a ese error la forma en que se construyó el Estado mexicano después de las guerras civiles de inicios del siglo XX, conocidas popularmente como Revolución mexicana. Los ganadores de las guerras, los sonorenses, reconstruyeron el porfiriato asociándose con banqueros, industriales y hacendados, consolidando la alianza incluso por medio de matrimonios. En consecuencia, la alianza entre la política y el dinero resultó mucho más fuerte después de la Revolución que antes de ella. Cuando Cárdenas transformó el régimen político y lo convirtió en uno corporativo, incorporando obreros y campesinos, el resultado fue un capitalismo de compadrazgo casi de libro de texto. El único intento de rebelión contra Cárdenas provino de Monterrey, y este lo controló en febrero de 1936.

Nadie puede hacer nada en México si no es en connivencia con el poder político: líderes campesinos, sindicales, estudiantiles, empresarios, financieros, todos tienen que formar parte de la gran «familia revolucionaria» para tener éxito. Cuando, en la posguerra, el país pudo industrializarse y crecer, fueron los miembros de la familia los que cosecharon. De ahí las grandes fortunas nacionales conformadas en esas décadas.

El modelo económico se vino abajo poco antes de 1968. En 1965, México logró la mayor extensión de tierras de sembradío de la historia, hasta el grado de que no hemos vuelto a llegar a los más de 22 millones de hectáreas de entonces. Fue también el último año en que exportamos maíz. Había llegado el fin del tránsito del campo a la industria. Ahora debería ser esta la que sostuviera al país. Pero, debido a la idea de «sustituir importaciones», esa industria era notoriamente ineficiente. No generaba valor, lo destruía. Hubo que empezar a contratar deuda internacional, pero eso era muy complicado bajo el sistema de Bretton Woods.

Para 1971, sin embargo, esas dificultades terminan. Ya se podía mover capital entre países con más facilidad. Con el embargo árabe, que multiplica el precio del petróleo por cuatro, las fortunas de los jeques se convirtieron en la fuente favorita de financiamiento de América Latina, por medio del sistema financiero europeo y estadounidense. Nos endeudamos brutalmente en los años setenta para compensar la ineficiencia provocada por la sustitución de importaciones y el capitalismo de compadrazgo, pero también para tratar de atender la explosión demográfica que resultó del desplazamiento del campo a la ciudad: más nacimientos, menos muertes, crecimientos poblacionales de más del 3 % al inicio de los años sesenta, que suponían duplicar la población cada veinte años.

Entre 1968 y 1971, sin embargo, ocurrió en México una gran disputa por el poder. El grupo que había controlado la economía durante la posguerra intentó ampliar su ámbito hasta la presidencia. El secretario de Hacienda, Antonio Ortiz Mena, se convirtió en precandidato (más bien, en un aspirante en el juego del «tapado» que entonces se aplicaba). En la esfera puramente política, había dos aspirantes más,

Luis Echeverría, secretario de Gobernación, y Emilio Martínez Manatou, secretario de la Presidencia. Tal vez debido al 2 de octubre, Gustavo Díaz Ordaz eligió a Echeverría como su sucesor.

Un par de anécdotas. La primera la narró muchos años después Alfonso Martínez Domínguez, que fue presidente del PRI durante el destape, la campaña y la toma de posesión de Luis Echeverría. Dijo Martínez que Díaz Ordaz le narró por qué había elegido a Echeverría. Fue un sueño que tuvo, en el que Díaz Ordaz, acompañado por Ortiz Mena, Martínez Manatou y Echeverría, caminaba rumbo al Zócalo capitalino desde la Alameda. En el camino se toparon con unos jóvenes universitarios amenazantes. Según Díaz Ordaz, al verlos llegar, Ortiz Mena se hincó a rezar, Martínez Manatou fue a negociar con ellos y solo Echeverría se arremangó para defender a golpes al presidente. La otra anécdota es más conocida: el arrepentimiento que tuvo Díaz Ordaz el resto de sus días por haber elegido a Echeverría.

En cualquier caso, lo que importa es que, una vez que Echeverría era el candidato, el equipo económico de Bretton Woods en México se fue diluyendo. El sucesor de Ortiz Mena en Hacienda, Hugo B. Margáin, fue removido por Echeverría en mayo de 1973, cuando aquel afirmaba que México había llegado al límite de su capacidad de endeudamiento. Fue entonces que Echeverría nombró a su amigo José López Portillo en Hacienda y anunció que, a partir de ese momento, la economía se manejaba desde Los Pinos.

Durante los gobiernos de Echeverría y López Portillo, el equipo que tomó el control de la economía era muy diferente. Provenía casi íntegramente de la Facultad de Economía de la UNAM, que era controlada por Horacio Flores de la Peña desde 1965 (fue director dos años y fue sucedido por Ifigenia Martínez, quien la dirigió hasta 1970). Flores de la Peña fue secretario de Patrimonio Nacional casi todo el sexenio y se trasladó en 1975 a dirigir el CIDE, institución creada por Echeverría con académicos sudamericanos asilados en México como resultado de las dictaduras en sus países, en un ejemplo más del permanente intento de Echeverría de emular a Cárdenas. Así como este creó El Colegio de México con los emigrados españoles, así lo haría Echeverría con el CIDE.

El sustituto de Flores de la Peña fue Francisco Javier Alejo, también egresado de la Facultad de Economía, y para el gobierno de José López Portillo la secretaría estuvo en manos de José Andrés de Oteyza. Sume usted en el equipo económico a Carlos Tello Macías (quien estudió fuera de México, pero se hizo muy cercano del grupo que comentamos), David Ibarra, Ricardo García Sáinz, Porfirio Muñoz Ledo y otros universitarios de facultades distintas, pero con una visión de la economía coincidente con el grupo.

Para ser más claro, le propongo identificar las características de los momentos políticos:

1. De 1946 a 1970, los cuatro presidentes son civiles y todos nacieron en el porfiriato.

2. El equipo económico es el mismo durante esos 24 años, encabezado por Antonio Carrillo Flores, Rodrigo Gómez, Ernesto Espinosa Porset, José Hernández Delgado y Antonio Ortiz Mena.

3. En materia política, los presidentes mantienen en Gobernación a alguien que representa a un grupo político distinto y se concentran en la gobernabilidad, dejando espacio para sus gustos personales: los negocios para Alemán, el dominó para Ruiz Cortines, las mujeres para López Mateos.

4. En materia económica, el objetivo es la estabilidad y la industrialización. Con Bretton Woods, no hay que inventar mucho. Por ejemplo, la regla de don Rodrigo funciona perfecto: la cantidad de dinero debe crecer a un ritmo igual que la suma del crecimiento económico más la mitad de la inflación esperada.

A partir de la llegada de Luis Echeverría, las cosas cambiaron. Se trataba del primer presidente nacido después de la Revolución (1922), o lo que es lo mismo, el primero que llegó a la edad adulta durante el cardenismo. Era también el primero que rompía con la tradición y designó como sucesor a un amigo de juventud, y no a un líder político de un grupo diferente. Esa decisión, me parece, sería determinante en el derrumbe del régimen, como lo veremos en este libro.

Echeverría intentaría siempre emular a Cárdenas y, tal vez por su participación en el 2 de octubre, insistiría en presentarse como un izquierdista. El nacionalismo revolucionario invadió incluso las recepciones presidenciales, en las que se servía horchata o agua de Jamaica, se abandonaron también los trajes para adoptar las guayaberas, se favoreció a líderes sindicales y campesinos, se crearon universidades y millones de empleos gubernamentales.

Sin embargo, todo ello ocurrió cuando la economía ya no tenía posibilidades de crecer, porque el esquema previo, dependiente del campo, había llegado a su fin en 1965, como lo comentamos. Se dependía del endeudamiento, que llegó a su límite en 1973, como bien lo dijo Margáin. Echeverría optó por controlar él mismo la economía, la cual no entendía, y para ello nombró a López Portillo en Hacienda, quien tampoco sabía del tema, de forma que quedaron en manos del grupo de la Facultad de Economía, convencido de las virtudes del Gobierno como participante privilegiado de la economía —el estatismo—, ya sea con versiones simples del keynesianismo o incluso con veleidades marxistas.

Como veíamos al inicio, al hablar de la circunstancia global, los años setenta fueron de un extremismo izquierdista, en respuesta al fracaso de 1968. Fue entonces que desde las universidades se impulsaron versiones más duras acerca del desarrollo desde dentro, del papel del Estado, de la relación centro-periferia, que en la perspectiva de América Latina se convirtió en la teoría de la dependencia. En esa visión, América Latina no se había desarrollado no por incapacidad propia, sino por el malvado designio de los países desarrollados, que lo impedían. El culpable principal, obviamente, era Estados Unidos.

En consecuencia, lo que ocurre en los años setenta difería mucho del cuarto de siglo previo:

1. Los dos presidentes nacen al inicio de los años veinte y llegan a la mayoría de edad en el cardenismo.
2. El equipo económico es controlado por el grupo de la Facultad de Economía durante 12 años, encabezado por Horacio Flores de la Peña, Carlos Tello Macías, David Ibarra, Francisco Javier Alejo y José Andrés de Oteyza.
3. En materia política priva la *hubris* (soberbia). Echeverría se imagina como un nuevo Cárdenas y el líder del Tercer Mundo. José López Portillo es Quetzalcóatl y el mesías que llevará a México al primer mundo.
4. En materia económica, el objetivo es el crecimiento acelerado basado en el endeudamiento. La presión social se controla con un reparto generalizado (subsidios, empleos, etc.). El Banco de México monetiza el déficit, que llega a niveles de dos dígitos como proporción del PIB.

Los dos sexenios mantuvieron tasas de crecimiento espectaculares, que sin embargo eran producto de deuda. Prácticamente todo el crecimiento de la economía podía explicarse por ese factor, que es lo mismo que decir que no había en realidad crecimiento. El crédito de México se agotó en 1976, producto del protagonismo de Echeverría, que preocupaba a los financieros justo cuando las naciones industrializadas estaban sufriendo de estanflación. Pero, al inicio del sexenio de López Portillo, el anuncio del descubrimiento de Cantarell, el segundo manto petrolero más grande del mundo, nos devolvió a los mercados.

En 1980, los nuevos gobiernos en Reino Unido y Estados Unidos se concentraron en detener la inflación. Como es natural, eso provocó un alza muy importante en las tasas de interés. La deuda de México se hizo impagable y en septiembre de 1982 se tuvo que anunciar que no había dinero para cubrir los intereses. Ese anuncio detonó la crisis de deuda de América Latina y dio inicio a la «Década Perdida».

La crisis de 1982 es la peor que ha sufrido México. Aunque hay varias con una mayor contracción del PIB (1932, 1995, 2009, 2020), lo ocurrido en 1982 fue mucho más serio porque prácticamente destruyó la capacidad productiva del país. El dólar pasó de 25 pesos, en enero de 1982, a 150 pesos en septiembre. Las empresas con deudas en dólares entraron en quiebra técnica. No había dólares ni siquiera para importar maíz, para pagar tratamientos en otro país ni para mantener a los estudiantes mexicanos en el extranjero. Por si fuera poco, López Portillo nacionalizó la banca en el mismo informe de Gobierno en que nos dio a conocer que no había dólares, de manera que se cimbró la relación entre empresarios y políticos que había sostenido la estabilidad desde los tiempos de los sonorenses.

Echeverría, López Portillo y sus economistas tuvieron que desaparecer ante el oprobio y desprecio generales. Pusieron al régimen del siglo xx de rodillas y a punto de ser decapitado. Pero quienes llegaron al poder en 1982 no quisieron, o no pudieron, dar el golpe definitivo. Imagino que estarían preocupados frente a un levantamiento general, incluso una guerra civil, en caso de cargarle toda la culpa al régimen de la Revolución mexicana, de forma que optaron por utilizar al petróleo como fuente de financiamiento, al tiempo que se reducía el tamaño del Gobierno y los costos bajaban conforme la inflación se los comía.

Fue en esos años (1982-1986) cuando los salarios del Gobierno, de las universidades e incluso de la iniciativa privada se derrumbaron, porque la inflación promedió un 93 % anual durante el sexenio. Esa fue la razón por la cual puestos que en los años setenta eran sinónimo de autoridad hoy lo son de bajo capital humano (jefe de departamento, gerente, etc.).

En los primeros tres años de su gobierno, Miguel de la Madrid intentó equilibrar el sistema con las medidas que comentamos, pero en septiembre de 1985 vinieron las tragedias. Primero, los terremotos en Ciudad de México, que dejaron destruido el, todavía, núcleo del país; después, la caída brutal del precio internacional del petróleo, que pasó de 24 dólares por barril en octubre de 1985 a seis dólares en marzo de 1986. Entonces, el 75 % de las exportaciones de México era de petróleo. Sin haber podido resolver la crisis de 1982, entramos a la de 1986.

El proceso de modernización de México se inició con claridad en 1986. Aunque en 1983 y 1984 hubo un giro en la administración pública, se debió más a la necesidad de enfrentar la crisis económica que a una dirección diferente. Se liquidaron o vendieron empresas paraestatales, se racionaron recursos, los salarios se redujeron en términos reales conforme se los comía la inflación, pero no era un proceso que tuviese un fin claro, más allá de aminorar el golpe de 1982.

En 1985, el Banco de México promovió una apertura comercial que sirvió como base para el ingreso al GATT, que ocurrió en junio de 1986. El GATT (Acuerdo General de Aranceles y Comercio) fue la medida que impulsó Estados Unidos cuando América Latina se opuso a la creación de la Organización Internacional de Comercio, en las reuniones de Bretton Woods. Se fundaron entonces solamente el Fondo Monetario Internacional (FMI) y el Banco Mundial. Estados Unidos ofreció a los países que les interesara un acuerdo multilateral para mantener aranceles más bajos. Brasil se incorporó casi de inmediato al GATT, pero México no quiso hacerlo sino hasta 1986.

La política económica común en América Latina fue la de cerrar las fronteras, para con ello impulsar la industrialización. Por eso se conoce como «industrialización vía sustitución de importaciones». Fue una idea promovida por la CEPAL, que partía de una visión que los economistas llaman *mercantilista*, la cual supone que la riqueza se origina en la producción de bienes y servicios, y no en el intercambio, como en realidad ocurre. Al cerrar las fronteras, con aranceles elevados o de plano cuotas o prohibiciones, las empresas locales no tienen competencia y se supondría que con ello lograrían consolidarse para después tener éxito en los mercados globales. En la realidad, lo que estas empresas hacen es vender caro a un mercado que no tiene alternativa.

Sin competencia, la producción baja en calidad, sube en precio y además impide el incremento de los salarios, porque, al existir pocas empresas, los trabajadores no tienen espacios que les den poder de negociación. Si ya América Latina había sufrido un proceso de concentración del ingreso y la riqueza en los tiempos del patrón oro (1870-1913), esta política repitió la dosis entre 1946 y 1982, cuando la crisis de México detonó la Década Perdida en América Latina.

En lugar de que las empresas se hicieran más eficientes y eso permitiera ir bajando los aranceles, ocurrió lo contrario. La ineficiencia provocó aranceles crecientes, que a su vez trajeron más ineficiencia, y este círculo vicioso alcanzó su máximo a inicios de los años ochenta, cuando México prácticamente no permitía importaciones. Quienes vivimos esa época tenemos abundantes anécdotas sobre la «fayuca», el contrabando que nos permitía, de manera ocasional, comprar queso o vino, o una grabadora de casetes.

Cuando la apertura se generalizó al ingresar al GATT, sectores enteros de la economía se derrumbaron. Esto fue especialmente claro en las manufacturas menos sofisticadas: textil, madera, papel, juguetes. En el segmento más especializado, la participación de empresas trasnacionales permitió la supervivencia. Quienes dependían de empresas del Gobierno para su producción (todo el tren petroquímica-química, y en parte el de acero) sufrieron el mismo final del segmento poco sofisticado.

Aunque el ingreso al GATT estuvo precedido por la apertura promovida por el Banco de México, lo que convenció al presidente De la Madrid de lanzarse a un cambio profundo de la política económica fue la combinación de los dos golpes ocurridos a finales de 1985. Primero, los grandes terremotos de septiembre y luego el derrumbe del precio internacional del crudo.

Desde el sexenio de José López Portillo, la política económica se había dividido en dos secretarías: Hacienda, responsable de recaudar, y Programación y Presupuesto, encargada de gastar. Esa división es una pésima idea, porque el que gasta no tiene preocupación por el origen de los recursos y todo el desgaste lo debe cargar el presidente. La estructura normal, en la cual en la misma secretaría se tiene esa división, libera al presidente del problema y lo concentra en el secretario de Hacienda. En 1985, el presidente tuvo que actuar como árbitro entre las dos dependencias, que tenían una visión diferente del problema. Hacienda sugería reducir los gastos para compensar la pérdida de ingresos; Programación aseguraba que eso ya era imposible, después de tres años de muy mal desempeño económico y crecientes presiones sociales.

Aguas profundas

La disputa ocurrió entre el secretario de Hacienda, Jesús Silva Herzog, y el de Programación y Presupuesto, Carlos Salinas de Gortari. Silva Herzog propuso medidas restrictivas, perfectamente razonables desde el punto de vista económico. Salinas, por su parte, planteó lanzarse de lleno a la inflación galopante, algo absurdo desde la perspectiva económica, pero muy lógico ante la situación política de la época. De la Madrid optó por Carlos Salinas, Silva Herzog fue expulsado del Gobierno y entramos al GATT, todo eso en el verano de 1986. Poco después, Salinas se convirtió en candidato, logró llegar a la presidencia, negoció la deuda externa, la creación del NAFTA y todo lo demás que usted conoce. No entraré en detalles en este momento, porque lo que me interesa es comentar con usted lo ocurrido con el grupo echeverrista, que tuvo que desaparecer en 1982, con la cola entre las patas, pero siempre con la aspiración de regresar.

En realidad, esa disputa reflejaba algo más profundo: la sucesión presidencial. Los secretarios eran las personas mejor colocadas en esa carrera y, al entrar en la disputa por la política económica, sabían que se jugaban con ello su futuro político. Resultó triunfador el secretario de Programación, Carlos Salinas de Gortari, y el derrotado fue Jesús Silva Herzog, que tuvo que renunciar y soportar acusaciones por «traición a la patria».

La salida de Silva Herzog y la consolidación de Carlos Salinas como el potencial sucesor provocaron serios problemas dentro del partido en el poder. Aunque ambos eran técnicos calificados y reconocidos, Silva Herzog era muy cercano a la tendencia «nacionalista», mientras que Salinas de Gortari era claramente «neoliberal», según la división que plantearon Rolando Cordera y Carlos Tello en su libro *La disputa por la Nación*, publicado en 1982. Cuando expulsaron a Silva Herzog, los grupos «nacionalistas» se convencieron de que De la Madrid haría lo mismo que Echeverría: en lugar de entregar el poder a un grupo diferente, el presidente optaría por un sucesor de su mismo grupo. Y si diez años antes eso les pareció una excelente idea, ahora les parecía algo inaceptable.

Para finales de 1986, una parte de ese grupo tomó la decisión de hacer públicas sus diferencias con el Gobierno y exigir un proceso «democrático» dentro del PRI. Esto significaba que querían ser tomados en cuenta y no necesariamente que les interesara la opinión de la población o de los militantes del PRI. Ese grupo lo encabezaba por Porfirio Muñoz Ledo y estaba conformado esencialmente por quienes habían gozado del poder durante la Docena Trágica: los economistas de la UNAM, algunos diplomáticos de izquierda y unos pocos gobernadores, entre ellos Cuauhtémoc Cárdenas. La Corriente Democratizadora del PRI no tuvo mayor apoyo dentro del partido, que aún era disciplinado con el presidente en turno, y a la postre sus integrantes, los que insistieron, fueron expulsados.

Para 1987, había entonces tres dinámicas en curso: por un lado, la destrucción de empresas incapaces de competir con las importaciones crecientes debido al ingreso al GATT; en segundo lugar, una inflación desatada debido a la decisión del Gobierno de incrementar el déficit fiscal frente a los problemas ya mencionados y, en tercer lugar, una fractura en el PRI que enfrentó públicamente a los echeverristas (que se llamaban a sí mismos «nacionalistas») y los tecnócratas (llamados «neoliberales» por sus adversarios). De esos tres problemas, el Gobierno decidió resolver uno, la inflación; minimizar otro, el conflicto interno del PRI, y olvidar por completo el tercero, la destrucción industrial.

El 4 de octubre de 1987, Carlos Salinas de Gortari fue designado candidato presidencial del PRI. Sus adversarios eran Heberto Castillo, por el Partido Mexicano Socialista; Cuauhtémoc Cárdenas, por el PARM; Manuel Clouthier, por el PAN, y Rosario Ibarra, por el PRT. Aunque el PRI había ganado con amplitud todas las elecciones presidenciales previas, en 1987 eso no era del todo claro. Nadie esperaba una derrota del PRI, pero la competencia era mucho más seria.

Los empresarios, particularmente del norte del país, habían quedado muy molestos con el cierre del sexenio de José López Portillo. La devaluación, pero sobre todo la estatización bancaria, los convenció de que era necesario participar de manera más directa en la política. En los siguientes años, se volcaron al PAN, en lo que en ese entonces se consideró una invasión de los «bárbaros del norte». La dirigencia de ese partido resentía la llegada de tantos empresarios, lo que amenazaba la «doctrina» esencial de la institución. La dirigencia del PAN en esos años (1984-1987) estaba encabezada por Pablo Emilio Madero, quien intentó reelegirse en 1987, pero fue derrotado por Luis H. Álvarez. El conflicto se hizo abierto: los bárbaros del norte (Luis H. Álvarez, Manuel Clouthier, Francisco Barrio, Ernesto Ruffo y, con un perfil más bajo, Carlos Medina Plascencia y Vicente Fox, entre otros) contra los «doctrinarios» (Pablo Emilio Madero, Jesús González Schmal, Bernardo Bátiz y otros más).

Los primeros buscaban convertir al PAN en un verdadero partido político, dedicado a ganar elecciones, aprovechando la participación de todos esos empresarios que se habían sentido traicionados por el PRI. Los segundos creían que eso desvirtuaba a un partido que debía seguir «bregando eternidades». En cierta forma, este enfrentamiento era la continuación del origen de Acción Nacional.

El PAN se fundó el 13 de septiembre de 1939 con la intención de impedir el totalitarismo revolucionario. Después de que Cárdenas forjara un partido corporativista, que controlaba las organizaciones obreras y campesinas, y de que hubiera subordinado a los empresarios y coronado su gobierno con la nacionalización de la industria petrolera, el riesgo del pensamiento único no era menor. En respuesta, los restos del catolicismo militante del Bajío y del liberalismo sonorense decidieron aliarse para impedirlo. Efraín González Luna, líder del primer grupo, y Manuel Gómez Morín, del segundo, sellaron esa alianza con la fundación del Partido Acción Nacional. Desde el inicio, la propaganda del Gobierno los tildó de reaccionarios y clericales, frente a las virtudes revolucionarias y laicas del partido en el poder.

Esa división de origen se ha mantenido en el PAN. En 1976 le impidió tener un candidato presidencial y para inicios de los noventa alcanzó el nivel de cisma, cuando el Foro Doctrinario abandonó el partido, derrotado por los ya mencionados bárbaros. Curiosamente, acabarán todos ellos traicionando la doctrina que decían defender, aliados con Cuauhtémoc Cárdenas, como lo veremos más adelante.

El otro contrincante importante del PRI era, precisamente, Cuauhtémoc Cárdenas. Miembro de la Corriente Democratizadora que había fracasado en su intento de ser considerada en la sucesión, fue elegido como candidato del grupo, aprovechando su nombre y ascendiente sobre los líderes de los entonces partidos de oposición (que no era tal): el Popular Socialista y el Auténtico de la Revolución Mexicana. Fue registrado bajo esas siglas —y las del Partido Socialista de los Trabajadores — en el Frente de Reconstrucción Nacional. Este último partido incluso cambiaría su nombre a Partido del Frente Cardenista de Reconstrucción Nacional, llamado jocosamente «el ferrocarril», por sus siglas (PFCRN). Aunque la Corriente Democratizadora no había atraído a muchos priistas (públicamente), en el entorno de 1987 las cosas empezaron a cambiar. Se fueron sumando grupos que habían sido menospreciados o desplazados desde 1982, y los mítines de Cárdenas alcanzaron niveles hasta entonces desconocidos para la oposición, notoriamente en La Laguna y la UNAM, ya en 1988, por lo que el candidato del PMS, Heberto Castillo, acordó retirarse para sumarse a Cárdenas.

Esta mayor competencia política se alimentó de los ya cinco años de crisis económica, a los que se sumaba en 1987 la inflación acelerada y la destrucción industrial que hemos comentado. Se tomó entonces una decisión muy importante en el Gobierno: detener la inflación. Para ello se aplicó en México una versión tropicalizada del plan que Israel había utilizado dos años antes. Era una época de muy alta inflación en varias partes del mundo, aunque ya desde inicios de la década de los ochenta esta se había reducido en los países desarrollados (con la elevación de tasas de interés, lo que provocó la crisis de deuda de América Latina, como hemos visto).

A mediados de la década, se aplicaron planes antiinflacionarios en Bolivia, Chile, Perú, Argentina y Brasil, con resultados diversos. En Bolivia, la situación era tan grave que frenar la hiperinflación implicó una caída brutal de la economía e incluso un retorno al trueque. Años después surgiría de este choque económico un líder popular que intentó perpetuarse en el poder, Evo Morales. En Argentina y Brasil, los planes de esos años fueron un fracaso rotundo.

El Pacto de Solidaridad Económica (PSE), como se conoció el plan mexicano, fue, en cambio, muy exitoso. En otro lugar lo he llamado el plan antiinflacionario más exitoso de la historia. Logramos reducir la inflación de 180 a 20 % anual en prácticamente cuatro meses, sin una caída relevante de la actividad económica. Lo hicimos mientras pagábamos cerca del 6 % del PIB en servicio de deuda externa. El plan consistía en lograr que todos los precios se movieran a la misma velocidad, desde tarifas de Gobierno hasta salarios, pasando por todos los precios de bienes y servicios, con excepción de uno: el dólar.

El tipo de cambio se había devaluado «de más» con el *crack* bursátil de octubre de 1987, de manera que había un colchón para ajustar los precios internos sin mover la paridad cambiaria. Se hizo así, aunque se estableció un nuevo régimen cambiario. En lugar de los tipos múltiples de 1982 en adelante (libre y controlado), se utilizó una banda cambiaria. La banda consiste en fijar un precio mínimo y uno máximo para el dólar, que no pueden rebasarse, y permitir el movimiento entre esos dos precios.

El PSE se anunció el 15 de diciembre de 1987, para comenzar su implementación el 1.º de enero de 1988. En ese primer mes, la inflación alcanzó un 15 % mensual. Al mes siguiente, la inflación estaba en un 8 % y para marzo había bajado al 5 %. Aunque esa reducción no trajo consigo una contracción de la economía, después de seis años de estancamiento con inflación la población estaba cansada. Si le sumamos a ello el proceso de dispersión política que hemos revisado, es más claro por qué la elección de 1988 era muy complicada. Pero el régimen que había gobernado por cincuenta años no pudo verlo a tiempo.

ABISMO

Rumbo a la elección de 1988, desde el gobierno se implementó una reforma política regresiva. A diferencia de la impulsada en 1977, que legalizó al Partido Comunista y abrió el espacio a otros partidos de izquierda, la de 1986 lo que buscaba era devolver todo el poder posible al régimen de la Revolución. Entre otras medidas, se concentraba en el Gobierno federal el control del proceso electoral y se ampliaba el número de diputados «de partido» para incluir entre ellos también al PRI. Aunque la oposición no había logrado mucho avance (101 diputados en 1982 y 111 en 1985, de un total de 400 en ambas legislaturas), en el Gobierno suponían que podrían reducir ese 25 % si incluían en el reparto al PRI.

Considerando las presiones sociales, esa reforma regresiva era un riesgo innecesario. Al concentrar el control en el Gobierno, cualquier duda acerca de los resultados provocaría una reacción de la oposición. Y no fue cualquier duda la que hubo. Desde la crisis de 1982, el tránsito de pequeños y medianos empresarios al PAN se había convertido en avalancha; desde la ruptura interna de 1986 se había dado un flujo similar, pero de grupos corporativos, hacia la opción que ofrecía la Corriente Democratizadora. Mientras que los «bárbaros del norte» llevaban votos a Manuel Clouthier, gobernadores como Xicoténcatl Leyva Mortera, en Baja California, o líderes sindicales como Joaquín Hernández Galicia («La Quina»), acarreaban votos para Cárdenas.

El resultado fue una elección ilegítima, a los ojos de buena parte de la población y de los actores políticos. Aunque no era cierta la afirmación de que habría datos esa misma noche —eso creían muchos—, cuando la información dejó de fluir al ritmo esperado, llegó el caos. Al final, los votos nunca se terminaron de contar y se instauró la creencia en que Cárdenas había ganado y que le habían arrebatado el triunfo. Nunca podrá saberse, porque las boletas fueron incineradas años después. Al final, el PRI se quedó con 262 de 500 diputados y perdió cuatro curules en el Senado, correspondientes al estado de Michoacán y al Distrito Federal, ganados por el Frente Democrático Nacional (FDN), que pocos meses después se convirtió en el Partido de la Revolución Democrática (PRD). El responsable de la reforma regresiva y de la fallida elección fue el entonces secretario de Gobernación, Manuel Bartlett.

El padre de Manuel Bartlett, del mismo nombre, fue gobernador de Tabasco de 1953 a 1955, cuando fue separado del cargo, en buena medida debido a la presión de Carlos A. Madrazo. Años después, Bartlett trabajó de cerca con Madrazo, hasta que este fue separado de la presidencia del PRI. Logró después convertirse en director de Gobierno cuando el secretario era Mario Moya Palencia, quien aspiraba a suceder a Echeverría, pero no lo logró. En todos los casos,

Bartlett sufrió derrotas que lo marcaron. Cuando Miguel de la Madrid fue nombrado candidato, Bartlett aprovechó la cercanía que habían tenido en la Facultad de Derecho de la UNAM para acercarse a él y logró ser nombrado secretario de Gobernación. Desde ese puesto esperaba convertirse en el siguiente presidente, pero, como en las tres ocasiones anteriores, fue derrotado.

En su período como secretario de Gobernación, tal vez por coincidencia, ocurrieron varios fenómenos que no podemos calificar sino como movimientos provenientes ya no de aguas profundas, sino del propio abismo. Aunque la guerra sucia en México data de los años sesenta, y se intensificó en la década siguiente, fue durante el tiempo en que Bartlett era secretario de Gobernación que la violencia salió del ámbito de la guerrilla y el narco para invadir otros espacios.

El primer caso fue el asesinato de Manuel Buendía, columnista de *Excélsior*, quien recibió cinco disparos por la espalda cuando caminaba cerca de Reforma e Insurgentes. El asesino huyó en una motocicleta conducida por una persona de la Dirección Federal de Seguridad (DFS), entonces dirigida por José Antonio Zorrilla, quien fue finalmente culpado del asesinato. La DFS estaba adscrita a Gobernación.

Al año siguiente fue asesinado Enrique *Kiki* Camarena, agente de la DEA, por Rafael Caro Quintero, el joven líder en ascenso del Cártel de Guadalajara. Según versiones periodísticas, en el secuestro de Camarena habría intervenido personal de la DFS. Su cuerpo fue encontrado en el rancho

El Mareño, en Michoacán, que fue tomado por el Gobierno federal sin el conocimiento del entonces gobernador Cuauhtémoc Cárdenas.

Pocos días antes de la elección de 1988, el responsable de la coordinación durante el día de la elección por parte del Frente, Francisco Xavier Ovando, fue asesinado junto con un colaborador suyo, Román Gil. Nunca se supo quiénes los asesinaron.

Estos sucesos, decíamos, extendieron la violencia a otros ámbitos: periodistas, agentes extranjeros, políticos, quienes habían estado al margen de ella por décadas. Desafortunadamente no se trató de algo temporal. Durante el siguiente sexenio murieron más de trescientos militantes del PRD, según ese partido. El 24 de mayo de 1993, en el aeropuerto de Guadalajara, fue asesinado el cardenal Juan Jesús Posadas Ocampo, supuestamente por una confusión de parte de los hermanos Arellano Félix, que se encontraban en el lugar esperando a Joaquín «el Chapo» Guzmán, quien viajaba en un auto similar.

Menos de un año después, el 23 de marzo de 1994, fue asesinado Luis Donaldo Colosio, candidato del PRI a la presidencia de la República, en un mitin en Lomas Taurinas, barrio marginal de Tijuana. Seis meses después fue asesinado José Francisco Ruiz Massieu, secretario general del PRI y próximo coordinador de los diputados de ese partido, a unos pasos de la avenida Reforma.

Me interesa hacer énfasis en este proceso de deterioro, el cual creo que no se ha aquilatado adecuadamente. La violencia del Estado contra los pequeños grupos guerrilleros de los años setenta, que se mezclaba con la relación entre las fuerzas policíacas y el narcotráfico, no fue el elemento relevante de la siguiente década, cuando la violencia se salió del marco acostumbrado y empezó a invadir espacios de la vida civil. Para finales de los ochenta, la violencia ya golpeaba el ámbito político y, para finales de los noventa, entramos de lleno al abismo.

En febrero de 1997, el zar antidrogas de México, el general Jesús Gutiérrez Rebollo, fue detenido acusado de brindar protección al narcotraficante más poderoso de México, Amado Carrillo Fuentes, el «Señor de los Cielos». El 4 de julio de ese año, durante una intervención quirúrgica para cambiar de rostro, falleció Amado Carrillo, en un hospital de la Ciudad de México. Dos días después, el PRI perdía por primera vez la mayoría de la Cámara de Diputados, con lo que el 1.º de septiembre, al instalarse un Congreso con el control de la oposición, terminaba el régimen de la Revolución mexicana.

No quiero decir que los crímenes previos hayan influido en las elecciones. Lo que me interesa recalcar es cómo la violencia se fue derramando y, para 1997, cuando murió el líder indiscutible del crimen organizado, y de forma simultánea desapareció el viejo régimen, no existían ya muros de contención frente a la violencia en México. Entretenidos en la gran transformación democrática del país, se atendió poco lo que eso significaba en términos de seguridad, pública y nacional. Cuando el PAN logró que el Gobierno aceptara entregar recursos a los gobernadores bajo criterios legales, y no de forma discrecional, lo poco que le quedaba a la presidencia de la República en términos de facultades metaconstitucionales se evaporó.

A partir de ahí, el sistema político vertical, centrado en la presidencia, en el que cada persona sabía el lugar que ocupaba y los márgenes de acción que tenía, fuese para gobernar, robar o administrar el crimen, fue reemplazado por gobiernos locales prácticamente autónomos, sin obligaciones legales claras, dejando atrás buena parte de la institucionalización (autoritaria) del régimen. Cuando terminó la prohibición de adquirir armas de asalto en Estados Unidos, en 2004, esa dispersión geográfica y la falta de control central en el crimen organizado provocaron un incremento significativo de la violencia, que no se reflejó en el número de homicidios, pero sí en eventos muy significativos, especialmente la aparición de cinco cabezas en una discoteca al lado de la terminal de camiones de Uruapan, Michoacán, en julio de 2006. Lo demás, como dicen, es historia.[1]

3

LA DEMOCRACIA Y SUS ENEMIGOS

Aunque hemos sugerido que el fin del régimen de la Revolución es causado por Luis Echeverría, y hemos visto que la transformación institucional comienza en 1986, es a la mitad de los años noventa cuando, en términos políticos, se puede hablar con certeza del fin del período autoritario y el inicio de la democracia. En este capítulo, detallamos esos procesos y revisamos lo ocurrido durante los 25 años siguientes, culminando con las «reformas estructurales» del Pacto por México que, en mi opinión, destruían el «contrato social» del viejo régimen como no lo había hecho antes ninguna de las transformaciones. Es frente a esa amenaza que los damnificados deciden reaccionar, impulsando a la presidencia a quien pudiese regresar el tiempo. O al menos así lo imaginaban.

A LA DEMOCRACIA

El año de 1994 fue sumamente complejo. El primer día de ese año entró en vigor el Acuerdo Comercial de América del Norte, pero también dio inicio un movimiento guerrillero en Chiapas. Tres meses después, el candidato del PRI, Luis Donaldo Colosio, fue asesinado en Tijuana. Menos de seis meses más tarde, quien fue asesinado fue José Francisco Ruiz Massieu, secretario general del PRI y presumible coordinador de la bancada priista en la Cámara de Diputados para la legislatura que iniciaría pocos días después. Faltaban otros tres meses para llegar a la crisis económica. Fue un año terrible.

Al caos político vivido en 1994, se sumó entonces una muy profunda crisis económica, detonada por el ajuste en la banda de flotación del peso, que debía ser del 15 %, pero que el mercado no resistió. En muy pocas horas, las reservas internacionales del Banco de México se redujeron a la mitad, de 12 000 millones a 6 000 millones de dólares. México, sin embargo, enfrentaba obligaciones de corto plazo por 25 000 millones. Estábamos al borde del *default*. El secretario de Hacienda, Jaime José Serra Puche, debió renunciar el 28 de diciembre, apenas ocho días después del desastroso movimiento cambiario. Guillermo Ortiz, quien tomó su lugar, anunció el último día de 1994 el Acuerdo de Unidad para Superar la Emergencia Económica, que nadie podía tomar en serio.

Durante enero de 1995, el Gobierno mexicano intentó conseguir el respaldo del Congreso estadounidense para un crédito de 20 000 millones de dólares, el cual era insuficiente, pero aun así no logró apoyo. El presidente de ese país decidió entonces prestar él ese dinero, como parte de un paquete más amplio que incluía 10 000 millones de parte del

FMI y 15 000 más del Banco Internacional de Pagos. En el último momento, los países ABC (Argentina, Brasil y Chile), que estaban siendo duramente golpeados por el error mexicano, aportaron otros 2 500 millones de dólares. Con esa bolsa de 47 500 millones, México intentaría ordenar las cosas. Para eso se anunció, el 28 de marzo de 1995, el Programa de Acción para Reforzar el Acuerdo de Unidad para Superar la Emergencia Económica (PARAUSEE).

El programa consistía en lo mismo de siempre, porque no había otra solución: reducción del gasto del Gobierno, incremento de impuestos y reducción de la cantidad de dinero en circulación. Se trataba de ajustar la economía, que de 1990 a 1994 había crecido mucho más de lo debido, lo que provocó un déficit en la balanza de pagos y un exceso de crédito al sector privado. No hubo en esos años un déficit fiscal notable porque, desde 1992, se descentralizaron los gastos más grandes, como educación y salud, y fueron los estados los que cargaron con el problema. De hecho, los Gobiernos estatales fueron los primeros en tener que rescatarse.

Las medidas que mencionamos siempre dan como resultado una contracción de la economía y un alza de la tasa de interés, por eso son dolorosas. En 1995, sin embargo, con la gran cartera privada, la elevación de la tasa de interés fue catastrófica. De hecho, el gran crecimiento económico de 1990 a 1994 se había sostenido en un incremento notorio del crédito al sector privado, que con los datos de entonces pasó del 9 al 30 % del PIB. Estas cifras no son comparables con las actuales, porque la contabilidad financiera de la época era claramente inadecuada, pero es claro que triplicar las obligaciones en un lapso tan corto no era sostenible.

Cuando se inició la aplicación del PARAUSEE, el 1.º de abril de 1995, se sabía que habría un problema con los créditos y por ello se instituyó una nueva «moneda», la unidad de inversión, conocida por sus siglas, UDI. La idea de estas unidades es que se movieran con la inflación, para con ello retirar de las cuentas de crédito un elemento de gran incertidumbre. Sin embargo, no se había estimado el tamaño del problema. Cuando las tasas pasaron, casi de un día a otro, del 25 al 100 %, prácticamente todos los deudores se encontraban en insolvencia. Al incipiente apoyo a deudores anunciado en esa ocasión, hubo que agregar otros dos en los siguientes meses para evitar una catástrofe. En cualquier caso, todo el sistema bancario tuvo que ser rescatado y los accionistas de entonces perdieron su capital con ello. El mecanismo de rescate fue mediante un fideicomiso creado en el Banco de México para garantizar el ahorro, llamado Fideicomiso Bancario de Protección al Ahorro, mejor conocido por su acrónimo, Fobaproa.

Este procedimiento de rescate es usual en las crisis financieras y algo similar se aplicó en Estados Unidos con la Gran Recesión de 2008. De hecho, en ambos casos fue de tamaño similar: alrededor del 20 % del PIB. En México, sin embargo, el tema del rescate se convirtió en un caballito de batalla de la oposición. Específicamente, de Andrés Manuel López

Obrador, que lo usaría por años no solo para enfrentar al Gobierno, sino también para mejorar su posición entre la oposición a costa de quienes lo habían impulsado, como lo veremos pronto.

Aunque el problema de los deudores creció significativamente durante 1995, su relevancia empezó a reducirse al año siguiente, conforme el Gobierno redujo la atención en lo económico, que empezaba a verse mejor, y decidió moverse a lo político, para recuperar con ello la legitimidad perdida tanto en la elección —de monumental inequidad— como por la crisis económica, la más profunda en décadas, aunque de muy breve duración.

La razón por la cual, para 1996, el tema económico pudo reducir su importancia fue precisamente el TLCAN. El acceso al mercado más grande del mundo, que ya había atraído inversiones a México desde 1993, impulsado además por un peso muy depreciado, permitió crecimientos impresionantes entre 1996 y 2000. Esos crecimientos liberaron al Gobierno para atender el tema político, además de reducir notoriamente el costo del rescate bancario, en comparación con el tamaño de la economía.

Promovido desde la presidencia de la República, se llevó a cabo un diálogo entre partidos políticos para abandonar de forma definitiva el control gubernamental de las elecciones. Para ello se aceptó que el Instituto Federal Electoral, creado en 1990, fuese totalmente autónomo y ciudadano. El Consejo General estaría conformado por nueve personas, todas ellas apartidistas, y los representantes de los partidos políticos tendrían voz, pero no voto, en dicho Consejo. La negociación para designar a los consejeros implicó un reparto con personas cercanas a los partidos, pero no militantes de ellos. Al final, la presidencia del Consejo General recayó en José Woldenberg, quien había sido consejero en la primera versión del IFE desde 1990. Los otros ocho consejeros fueron nombrados por primera ocasión: Alonso Lujambio, Juan Molinar Horcasitas, José Barragán Barragán, Mauricio Merino, Jacqueline Peschard, Emilio Zebadúa, Jesús Cantú y Jaime Cárdenas Gracia. Esta conformación le daba un peso mayor a la oposición, considerando la trayectoria que hasta entonces tenían estos consejeros, y se confirmó con el tiempo.

El consejo se instaló el 31 de octubre de 1996 para ser responsable de la elección que ocurriría en julio de 1997. Por primera vez en la historia de México habría una elección democrática, porque no creo que debamos calificar como tales las elecciones de Benito Juárez o Francisco I. Madero, y mucho menos cualquier otra ocurrida en la historia nacional.

El resultado de la elección fue extraordinario. El PRI apenas alcanzó el 39.1 % de los votos para diputados, mientras que el PAN llegó al 26.6 % y el PRD al 25.7 %. Por la distribución geográfica de la votación, el PRD se convirtió en la segunda fuerza en la Cámara, que terminó con 239 diputados del PRI, 125 del PRD, 121 del PAN y 15 de otras fuerzas políticas. Por primera vez desde la Revolución, el partido oficial perdía la mayoría y el control de la Cámara de Diputados.

Fue tan sorpresivo el resultado y tan difícil de procesar para el priismo que llegaron a intentar un golpe constitucional, al impedir la instalación de la LVII Legislatura. Los diputados del PRI fueron colocados en autobuses en las inmediaciones de San Lázaro, mientras que el secretario de Gobernación, Emilio Chuayffet, intentaba evitar la catástrofe. Por su parte, los opositores, encabezados por Porfirio Muñoz Ledo y Carlos Medina Plascencia, apelaron a los empleados de la Cámara para que abriesen las puertas y les entregasen «la soberanía», el tintero de plata que aparece al frente de la presidencia de la Cámara y que simboliza ese concepto. Lo lograron y forzaron un acuerdo con el Gobierno para que el informe presidencial, que debía emitirse la mañana de ese 1.º de septiembre, ocurriese por la tarde, con la respuesta de Muñoz Ledo a Zedillo. Chuayffet fue despedido del cargo tres meses después.

En los comicios de 1997, también se eligió, por primera vez desde 1928, al jefe de Gobierno de la Ciudad de México, puesto que obtuvo Cuauhtémoc Cárdenas con gran amplitud. Ese triunfo y el segundo lugar en la Cámara de Diputados significaron un éxito rotundo para el PRD, y en especial para su presidente: Andrés Manuel López Obrador (AMLO). Montado en eso, AMLO empezó a eliminar a sus adversarios, los mismos que hasta ese momento habían sido sus patrocinadores y aliados, como lo veremos en el próximo capítulo.

Transformación institucional

La transición a la democracia no fue solo cuestión de crear al IFE, a pesar de toda su importancia. Desde 1986, México vive una transformación institucional profunda, que al inicio se limita a la esfera económica, de forma tal que no se alterase el «contrato social» básico del viejo régimen: el presidente todopoderoso, el sistema piramidal, las alianzas con sindicatos y empresarios, y los favores a la clase media. Para sostener todo esto, se requieren recursos que son extraídos del petróleo. Aunque el precio internacional se mantiene en niveles bajos desde 1986, durante 15 años la renta petrolera alcanzó, porque la producción pasó de 2.5 a 3 millones de barriles diarios durante ese tiempo.

La mayor parte del ajuste después de la Docena Trágica ocurrió hacia 1986: el desplome del empleo y los salarios, la inflación —que para ese año ya era claramente de tres dígitos— y la depreciación del peso, con lo que la aplicación del Pacto de Solidaridad Económica, como hemos visto, ya no tenía un efecto considerable en la actividad económica. La apertura de ese año golpeó duramente a algunas industrias, pero para 1988 la población empezaba a ver las virtudes del libre comercio.

No es fácil imaginar cómo se vivía en México en los años setenta y ochenta, al extremo de que muchas personas que nacieron después consideran los años de la democracia como un fracaso económico. Les falta información, sin duda. Para los años setenta, la «industrialización vía sustitución de importaciones» había convertido a México en una economía muy cerrada y la devaluación de 1976 fue un clavo más en el ataúd del comercio. Gracias al endeudamiento del gobierno de López Portillo, apalancado en el gran potencial de Cantarell, la actividad económica fue muy importante entre 1977 y 1981, pero todo eso ocurría con un nivel de vida muy limitado para la clase media, que no podía adquirir bienes importados, sino sucedáneos nacionales de ínfima calidad. Quienes querían conseguir un aparato electrónico sencillo (una grabadora de casetes, por ejemplo) tenían que recurrir a la «fayuca», el nombre popular para el contrabando. Comprar vino o queso era imposible, y apenas con el fayuquero se podían obtener las bolas de queso que ahora uno encuentra en grandes canastos en los supermercados, al lado de una dotación de vino que para esas épocas era impensable.

Con la crisis de 1982, el cierre de fronteras fue total y, por cuatro años, no había manera de conseguir nada del exterior, incluso insumos para la industria. Por ello desapareció el dentífrico, porque no había estaño para hacer los tubos en que se vendía. Hubo escasez de leche en polvo, azúcar, papel higiénico, entre los productos más comunes.

En 1988, con fronteras abiertas y un dólar estable (en una «banda de flotación» previsible), los fayuqueros primero, y otras personas después, empezaron a traer productos en abundancia y venderlos en su cochera: televisiones a color, refrigeradores con dispensador de hielo, zapatos tenis, camisetas, dulces y chocolates. La clase media se emocionó y más cuando se anunció que México negociaba con Estados Unidos, y después con Canadá, un acuerdo comercial.

Nuevamente, es difícil imaginar el significado de esa negociación, a treinta años de ocurrida. Estados Unidos, el gran enemigo de México, el país que nos arrebató la mitad del territorio, el de la frase porfirista que tanto repite AMLO, se convertiría en nuestro socio comercial. Vender la idea, incluso dentro del PRI, no era nada simple, pero para entonces Carlos Salinas ya había afianzado su posición. El 10 de enero de 1989, Joaquín Hernández Galicia, «La Quina», líder del sindicato petrolero, fue detenido en su casa en Ciudad Madero, Tamaulipas.[1] Uno de los más activos detractores de Salinas durante la campaña estaba eliminado. Cinco días antes, Xicoténcatl Leyva Mortera, gobernador de Baja California, estado que había ganado Cuauhtémoc Cárdenas gracias a él, fue relevado del cargo. Para julio, triunfó en la elección de gobernador Ernesto Ruffo Appel, el primer gobernador no priista. Solo él, Pancho Barrio en Chihuahua —a partir de 1992— y Carlos Medina Plascencia en Guanajuato —interino desde 1991— serían gobernadores no priistas durante todo el sexenio de Salinas. Algún espacio dejaba, pero no mucho.

Salinas había aprendido de Gorbachov que la apertura política, junto con la económica, era una receta para el fracaso.[2] Hijo de quien fuese secretario de comercio en el gobierno de López Mateos, Carlos Salinas entendía muy bien cómo funcionaba el viejo régimen y no tenía intención de poner en riesgo esa maquinaria. Al contrario, se trataba de mejorar su rendimiento al permitir que ese «contrato social» del que hemos hablado pudiera sostenerse, más allá del margen que le había dado el petróleo. Para eso, renegoció la deuda externa y buscó alguna manera de conseguir recursos externos adicionales. Europa quedó fuera del alcance de México con la caída del Muro de Berlín el 9 de noviembre de 1989, ya que estarían concentrados en la recuperación de Europa del Este. Con Japón no se logró mucho, a pesar de que Salinas incluso hizo uso de lazos familiares para ello. Solo quedaba Estados Unidos, y hacia allá se dirigió Salinas.

El Tratado de Libre Comercio de América del Norte (TLCAN o NAFTA, por sus siglas en inglés) era difícil de vender en México por ir en contra de la historia oficial, del enemigo de siempre, pero no implicaba costos económicos relevantes. Las industrias que podrían tener problemas serios con la apertura ya los habían enfrentado desde 1986 y no perderían mucho más. Para el resto eran más las oportunidades que las amenazas, aunque el miedo a «masiosare» seguía vigente.

El TLCAN implicó un ajuste institucional importante. Hubo que rehacer leyes completas, como la de Inversión Extranjera o la de Comercio Exterior, y crear nuevas, como la de Competencia Económica. Sin embargo, los socios-empresarios del PRI no estaban amenazados. Por el contrario, se habían sumado nuevos socios, aprovechando la privatización de empresas públicas, especialmente la ocurrida durante el gobierno de Salinas: acero, banca y telefonía. Por el lado del sindicalismo, la subordinación del movimiento obrero al PRI, es decir, al presidente, se reafirmó después del castigo a La Quina y por la disciplina de Fidel Velázquez, el eterno líder de la CTM, que la controló desde 1940 hasta su muerte en 1997.[3] El PRI, muy recuperado en la elección de 1991 y con la clara señal de que Salinas podía remover a cualquier gobernador a su antojo (removió el mismo número que Lázaro Cárdenas, 12),[4] se mantenía como el eje del sistema político. La clase media, el último eslabón, era feliz comprando todo lo que no habían podido comprar por décadas. Carlos Salinas era el presidente más popular de la historia de México a finales de 1993.

Todo cambió en 1994. El 1.º de enero entraba en vigor el TLCAN, pero ese mismo día ocurrió un levantamiento armado en los Altos de Chiapas, dirigido por un personaje con gran capacidad mediática, el Subcomandante Marcos. Militarmente, el alzamiento no ofrecía mayor desafío, pero Salinas no quería ver la nueva relación con Estados Unidos manchada por el aplastamiento de un movimiento indígena. Pocos días después, su amigo de la juventud, Manuel Camacho Solís, se ofreció a participar como negociador para la paz.

Manuel Camacho había sido jefe del Departamento del Distrito Federal durante el sexenio y estaba convencido de ser el sucesor de Salinas, a pesar de que había abundantes señales de que este se decantaría por Luis Donaldo Colosio, como ocurrió. Frente al destape, Camacho renunció al DDF y solo después de arduas negociaciones aceptó ser nombrado secretario de Relaciones Exteriores, para no enviar una señal de escisión dentro del Gobierno. Sin embargo, frente al levantamiento en Chiapas, se ofreció como negociador, siempre y cuando fuese de manera honorífica. Es decir, al mismo tiempo estaría y no dentro del Gobierno. Apoyaría a su amigo Carlos Salinas; pero, al no tener un puesto formal, podría convertirse en candidato en las elecciones de 1994. Ese papel ambiguo le saldría muy caro cuando Colosio fue asesinado en marzo.

El levantamiento en Chiapas, el papel de Camacho, el asesinato de Colosio y después el de Ruiz Massieu convirtieron a 1994 en un año sumamente difícil en materia política. No obstante, ya había una situación seria en la economía desde antes. Salinas había esperado que el TLCAN se firmase en 1992, para su entrada en vigor en 1993. Considerando que el ímpetu consumista de los mexicanos era una bomba de tiempo, era imprescindible contar con ingresos importantes de la inversión extranjera para financiarlo. Cuando George H. W. Bush perdió la reelección en Estados Unidos contra Bill Clinton, las cosas se complicaron. Clinton deseaba firmar el acuerdo, pero necesitaba darles algo a los sindicalistas y ambientalistas que lo habían apoyado. Sugirió darles «acuerdos paralelos», que requirieron un año de negociación. Ese año implicó que el déficit en la balanza de pagos de México superara el 5 % del PIB, el nivel en que, tradicionalmente, no alcanza el financiamiento externo.

Así ocurrió. Las presiones fueron mayores después del asesinato de Colosio y, para evitarlas, se emitió una deuda que en teoría era interna (en pesos), pero indexada al valor del dólar. Los Tesobonos (ese fue su nombre) permitían darle la vuelta al Congreso y con ello conseguir esos dólares que tanto urgían. Pero era deuda a corto plazo y, con el cambio de gobierno, en un intento por mover ligeramente la banda de flotación del peso, todo se vino abajo. A ese ligero movimiento se le conoce como el «error de diciembre», del 20 de diciembre de 1994.

Antes de que ocurriese ese evento, por el que la mayoría de las personas recuerda al gobierno de Zedillo, este había tomado una decisión que sería mucho más trascendental: reformar la Suprema Corte de Justicia de la Nación.[5] Esta reforma respondía a la convicción de Zedillo de que lo más importante para que México fuese un país exitoso era la existencia de un verdadero Estado de derecho. La había anunciado en campaña, la reiteró en su toma de posesión y la envió en los primeros días de su gobierno al Senado de la República, donde fue aprobada el sábado 18 de diciembre, y el lunes siguiente, el día del «error», se envió a la Cámara de Diputados. Antes del cierre del año, la reforma era un hecho.

Con ello, Zedillo rompía con lo establecido por Lázaro Cárdenas, quien subordinó a la Corte al establecer que el período de los ministros debía coincidir con el del presidente. Él les daba y quitaba el empleo, y ellos estaban a sus órdenes. Con la reforma se definían períodos fijos, alternados, para los ministros, quienes, si bien eran propuestos por el Ejecutivo y aprobados por el Senado, se volvían inamovibles, lo que garantizaba su independencia.[6]

La reforma convirtió a la SCJN en un tribunal de verdad y le dio vida al Poder Judicial. Como ejemplo, las controversias constitucionales, que antes de la reforma ocurrían a un ritmo de dos o tres veces por año, llegaron a ser 19 al año siguiente de la reforma, 57 en 1996 y alrededor de cien cada año desde 2003.[7] Otro ejemplo: las expropiaciones, que cualquier Ejecutivo lograba hacer durante el viejo régimen, se volvieron casi imposibles a partir de 1994. Esto le impidió a Vicente Fox construir el aeropuerto en los terrenos de San Salvador Atenco y es lo que provocó el juicio de desafuero en contra de López Obrador, por desacatar una orden de la Suprema Corte en relación con una expropiación.[8]

El marco institucional del país se fue ampliando de forma paulatina, con organismos autónomos que primero fueron creados según el viejo estilo, pero que eventualmente lograron su verdadera independencia (Competencia Económica, Derechos Humanos, Instituto Federal Electoral). En este proceso, el poder que perdía el presidente se fue acomodando en otras manos, algunas institucionalizadas, como dichos organismos, pero otras más bien como respuesta al vacío de poder: sindicatos y empresarios que empezaron a moverse solos, gobernadores que se convirtieron en señores feudales, movimientos «sociales» que sostenían a partidos políticos.

Damnificados

Mientras que la autonomía de los órganos constitucionales es un gran apoyo a la democracia, porque permite contrapesar el poder de forma ordenada, el hecho de que haya grupos de poder informal es un gran obstáculo. Estos grupos no existen para evitar abusos del poder central, sino para sustituirlos por los propios. Por eso la autonomía de los sindicatos de maestros o petroleros, de los socios-empresarios o de los gobernadores no es una señal de mayor democracia, sino de mayor riesgo autoritario, que puede concretarse en una nueva pirámide centralizada o en una dispersión caótica.

De 1997 en adelante, y especialmente a partir del año 2000, es muy claro que nos movemos en ambas vías, pero el mayor movimiento ocurrió en la segunda. Lo ejemplifican personas como Elba Esther Gordillo, que desde el liderazgo sindical construyó una infructuosa carrera política independiente, o el grupo de gobernadores que fueron impulsados por Enrique Peña Nieto desde la gubernatura del Estado de México, para que años después retribuyeran el apoyo financiando la candidatura presidencial del mexiquense. Pero también puede verse en socios-empresarios que dejaron de atender la opinión del presidente para jugar por la libre (Slim, apoyando a López Obrador; Salinas Pliego y Azcárraga, moviendo su propia agenda).

Esta dispersión hizo muy difícil, si no imposible, impulsar una agenda nacional durante los gobiernos del PAN. En dos ocasiones se impidió una reforma fiscal, en dos ocasiones se obstaculizaron las reformas energéticas y en ambos sexenios se bloquearon obras de infraestructura. La llegada de Peña Nieto, sin embargo, abrió la posibilidad de hacer algo diferente. Como priista, era más fácil que él impulsara esa agenda, y más aún cuando tanto el PAN como el PRD terminaron fracturados tras la elección de 2012. El PAN, por la actitud de Felipe Calderón, quien abandonó a Josefina Vázquez Mota, que no era su predilecta para la sucesión. El PRD, por la necedad de AMLO en ser candidato, a pesar del mejor posicionamiento de Marcelo Ebrard. Después del triunfo de Peña Nieto, PAN y PRD están dispuestos a negociar una agenda nacional para desmarcarse de Calderón y López Obrador.

Las reformas estructurales del Pacto por México son el resultado de esa muy particular situación política. Los temas ya se habían discutido bastante, desde 1997, pero nunca se había tenido el músculo político para impulsarlos. Aunque no en todo estaban de acuerdo (el PAN quería una reforma fiscal diferente, el PRD no quería la energética), fue posible proponer, y aprobar, reformas: fiscal, financiera, educativa, laboral, de telecomunicaciones, energética, de derechos humanos, transparencia, así como el sistema nacional anticorrupción.

El número y la profundidad de esos cambios son extraordinarios. Dudo que algún país, en tiempos de paz, haya podido hacer algo similar en los escasos 18 meses en que ocurrieron en México. La razón es que prácticamente todo el sistema político estaba detrás del pacto, con la salvedad de AMLO.

Pero no parecía tener importancia: en ese momento era el político con más negativos en México[9] y un infarto le impidió estar presente para detener la reforma energética. Sin él, sus seguidores no lograron nada.

Sin embargo, privó en el Gobierno la soberbia de una tecnocracia de segundo nivel, como la que acompañaba a Peña Nieto. Me parece que no comprendían la verdadera importancia de lo que habían desatado y tan solo imaginaban esas transformaciones como una forma de atraer inversión y mejorar, paulatinamente, el capital humano. No era así. Lo que esas reformas hacían era anular el «contrato social» del viejo régimen: eliminaban privilegios para los socios-empresarios, rompían la relación con el corporativismo sindical y terminaban con el mito fundacional, la maldición del petróleo.

Pero eso había que venderlo a la población y las personas que no entendían lo que habían hecho, mucho menos serían capaces de convencer al resto. Los radicales del sindicato de maestros, en cambio, sabían que la reforma educativa terminaría con su negocio y lanzaron una campaña de mentiras para frenarla. Los empresarios de las telecomunicaciones también hicieron su parte. A pesar de que, en este caso, las ventajas de la reforma fueron inmediatas (cayó rápidamente el precio de la conexión), y de que en el de la educación no hubiera señal alguna que sostuviera los reclamos de los radicales, la población no alcanzó a entender que sus intereses y los de los beneficiarios del viejo régimen eran diferentes. Lo mismo ocurrió con la reforma energética.[10]

El gobierno de Peña Nieto sufrió una pérdida de popularidad desde el inicio, a diferencia de lo que normalmente ocurre con otros presidentes. La incapacidad de convencer a la población sobre la bondad de las reformas fue parte de esa caída, la cual, sin embargo, se aceleró a finales de 2014, con la revelación de la Casa Blanca y la matanza de Iguala. De acuerdo con oraculus.mx, la popularidad pasó del 46-47 % a cerca del 35 % para finales de 2015. Un año después, en enero de 2017, tocó fondo, con un 17 %, y ya nunca lograría superar el 20 %.

La causa de ese punto bajo fue el «gasolinazo». Frente a la Gran Recesión de 2008, Calderón promovió medidas contracíclicas para evitar un mayor golpe a la economía e incrementó notoriamente la inversión pública en la segunda mitad de su gobierno. Inició la reducción del déficit hacia 2011, pero el gobierno de Peña Nieto no siguió ese camino, sino que optó por continuar con un déficit elevado los primeros años. Supongo que apostaban a que las reformas tuviesen resultados inmediatos y la actividad económica compensase el exceso de gasto. No era una mala idea del todo, porque la reforma en las telecomunicaciones provocó de inmediato un mejor precio para la conexión celular, mientras que la energética nos llevó a tener los mejores precios en subastas de energía limpia en los siguientes años. Pero eso no reducía el déficit y el ritmo que llevaba implicaba cerrar el sexenio con un elevado riesgo de una crisis fiscal.

La administración de Peña Nieto optó por corregir las finanzas públicas, reduciendo el gasto e incrementando los ingresos. Entre otras medidas, aceleró el tránsito a un mercado libre de gasolina, al aplicar un impuesto transparente a la gasolina. Esa decisión fue aprovechada de inmediato por una oposición ansiosa y se convirtió en el «gasolinazo». El efecto en la popularidad de Peña Nieto y en las preferencias por el PRI fue considerable, y quien lo cosechó, al final, fue López Obrador.

FIGURA 3.1. OPINIÓN ACERCA DE LÓPEZ OBRADOR

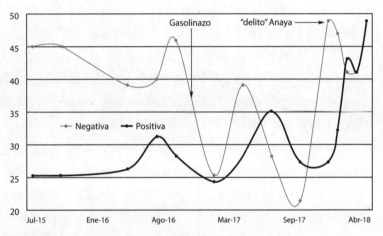

Fuente: elaboración propia, con base en encuestas GEA-ISA.

Como hemos dicho, López Obrador era el político con más negativos en México hacia la mitad del sexenio de Calderón. Fue en 2016 cuando logró avanzar un poco, pero lo que le dio un gran impulso en la reducción de esa opinión negativa fue precisamente el «gasolinazo». Era una mejora a corto plazo, que no iba acompañada de un avance en sus opiniones positivas. En 2017, las cosas cambiaron: mientras que en 2016 promediaba un 28 % a favor y 42 % en contra, para 2017 ambas opiniones eran iguales, con un 28.5 %. Es en ese año cuando se hizo un esfuerzo considerable, por parte de los damnificados de las reformas, para hacer aceptable a López Obrador, con quien han pactado moderar o eliminar dichas reformas. En el próximo capítulo veremos cómo ocurrió esto.

Aun así, en la campaña las cosas no le eran tan favorables a AMLO y no fue sino hasta que el gobierno de Peña Nieto le inventó un delito ficticio a Ricardo Anaya que aquel pudo despegarse y avanzar rumbo al histórico triunfo de 2018 (véase la figura 3.1.). Amenazado con la cárcel por parte de Anaya, Peña Nieto no dudó en enterrar un sexenio de sacrificio, que no solo incluyó las históricas reformas, sino que supo corregir a tiempo para entregar las cuentas en orden. Con ello, sin embargo, sacrificó al país.

4

EL DINOSAURIO NUNCA SE FUE

En el proceso de transformación del régimen, desde el autoritarismo hacia la democracia, fue de gran importancia la presencia de lo que genéricamente llamamos «izquierda»: académicos, líderes estudiantiles y sindicalistas que aportaban ideas aun sabiendo que su presencia pública era marginal. Desde que pudieron llegar a ambas cámaras, sumaron la calidad de sus intervenciones a las que el PAN ya ofrecía, y ocasionalmente también algún priista. Sin embargo, la escisión del partidazo resultó destructiva para la izquierda. Le dio la posibilidad de llegar al Gobierno, pero a cambio de perder su conciencia. Fue, en realidad, la forma en que el dinosaurio pudo disfrazarse para regresar.

DINOSAURIO CON ICTERICIA

Después del éxito que significó la candidatura de Cárdenas en 1988, a la que se había sumado buena parte de la dispersa izquierda, que sin embargo no alcanzó para desplazar al PRI del poder, la opción que se eligió fue la constitución de un partido político en forma. Eso se alcanzó el 5 de mayo de 1989 con la fundación del Partido de la Revolución Democrática (PRD). Confluyeron en él los expulsados del PRI, el PMS en pleno (que aportó su registro como partido político) y diversos grupos que militaban en otros partidos (PPS, PARM, PRT, PFCRN).

El PMS ya representaba la fusión del Partido Socialista Unificado de México (PSUM) y el Mexicano de los Trabajadores (PMT), además de tres grupos más pequeños: el Partido Patriótico Revolucionario (PPR), la Unidad de Izquierda Comunista (UIC) y el Movimiento Revolucionario del Pueblo (MRP). Este partido se había constituido en marzo de 1987 y en septiembre de ese año se eligió, por voto directo, a Heberto Castillo como su candidato presidencial. Un mes antes de las elecciones de 1988, después de un multitudinario mitin de Cárdenas en la UNAM, Heberto tuvo que renunciar a su candidatura. El único caso de un candidato presidencial elegido en primarias, con voto abierto, que terminó sacrificándose.

A su vez, el PSUM se había conformado años antes (1981) como la fusión del Partido Comunista Mexicano (PCM) con el Partido Socialista Revolucionario (PSR), el Movimiento de Acción y Unidad Socialista (MAUS), el Partido del Pueblo Mexicano (PPM) y el Movimiento de Acción Popular (MAP). Aunque el Partido Mexicano de los Trabajadores participó en las negociaciones de unidad, al final no participó en esa fusión sino hasta la construcción del PMS en 1987.

Como puede verse, la izquierda mexicana había seguido un poco común proceso de unificación desde finales de los años setenta, que culminó en la construcción del PRD diez años después. Sin embargo, en este último paso, el contingente mayor no provino de luchadores sociales de décadas, sino de priistas que habían sido desplazados en su partido y encontraron en la candidatura de Cárdenas un camino para seguir en la política, pero fuera del presupuesto. O, al menos, con un presupuesto menor.

Los partidos de izquierda en México habían tenido una participación muy marginal y, cuando ya fueron legales (con la reforma política de 1977), pudieron contar con un puñado de diputados, sin ninguna posibilidad de tomar decisiones, pero sí de influir en los debates. Fue así que, desde 1982, los discursos políticos dejaron de ser repetición simple de los dichos presidenciales para convertirse en algo más sustancioso. Se debate de verdad en la Cámara de Diputados, y desde 1988 también en la de Senadores. Se trataba de una presencia testimonial de gran importancia, pero que no tenía posibilidad de llegar al poder.

Eso cambió con el arrastre popular de Cárdenas en la elección de 1988, que en parte respondía a su nombre y en parte a la salida de grupos del PRI que sabían que no podrían regresar a buenos puestos jamás. Es eso lo que le dio al PRD la posibilidad real de llegar al poder, y lo que paulatinamente eliminó la mucho más útil presencia en la discusión pública. El PRD no era otra cosa que el vehículo mediante el cual los priistas del echeverrismo buscaban regresar al poder, la gran escisión del partido oficial y no la opción socialdemócrata que tantos izquierdistas de la época imaginaban.

Este dinosaurio amarillo no tiene al inicio el éxito electoral que imaginaban sus fundadores. Mientras que en 1988 se le reconoció poco más del 30 % del voto a la candidatura de Cárdenas, en las elecciones intermedias de 1991 el PRD no logró superar el 20 %. Era mucho más de lo que había tenido cualquier partido de izquierda, pero apenas superaba el 15 % que habían sumado todos ellos seis años antes, en la elección de 1985.

Por otra parte, ya en 1989 el PAN había logrado su primer triunfo estatal, en Baja California, un estado que en 1988 había ganado ampliamente Cárdenas y que en un año se había «transformado» en panista. Ya lo comentamos: la fractura del PRI en esa entidad, impulsada por Xicoténcatl Leyva Mortera, es lo que en realidad explica el comportamiento del voto. Por otra parte, la elección en Guanajuato en 1991 fue muy cerrada y las manifestaciones públicas obligaron al gobierno de Carlos Salinas a negociar una salida, lo que desde entonces adquirió el nombre de *concertacesión*. Carlos Medina Plascencia se convirtió en gobernador interino. En 1992, el PAN ganó Chihuahua. En 1995 se reiteró el triunfo en Baja California y Guanajuato, y se sumó además Jalisco. Es decir, mientras que el PRD no lograba obtener triunfos relevantes, Acción Nacional sí lo hizo y fue minando la presencia del PRI en el norte y centro del país.

El PRD fue dirigido desde su fundación por Cuauhtémoc Cárdenas, quien en 1993 le dejó el puesto a Porfirio Muñoz Ledo. Los dos líderes más destacados de la Corriente Democratizadora del PRI fueron quienes dirigieron al partido en sus primeros años, confirmando que, más que un partido de izquierda, se trataba de la fracción populista del PRI, que fue desplazada y que buscaba recuperarse desde fuera. Al final del período de Muñoz Ledo, Cárdenas decidió impulsar a un recién llegado al partido, Andrés Manuel López Obrador, quien con ese apoyo logró convertirse en presidente del partido. Ocuparía el cargo hasta 1999.[1]

Acerca del triunfo de López Obrador en ese proceso, cito *in extenso* a José Luis Hernández Jiménez,[2] muy cercano a Heberto Castillo y protagonista de esos años:

Cuando, incisivo, el reportero de La Jornada le preguntó a Heberto Castillo, «¿Renunciará al PRD?», este se le quedó mirando fijamente. Observé al ingeniero. Aunque se le veía molesto por todo lo que había sucedido, estaba sereno, firme. Quise adivinar su respuesta. Pasaron unos instantes durante los cuales, muchos recuerdos, como relámpagos, pasaron por mi mente.

Había concluido todo el proceso de elecciones internas para elegir a un nuevo Presidente Nacional del PRD. Con una ventaja aplastante sobre sus competidores, Amalia García y el propio Heberto, Andrés Manuel López Obrador había sido declarado ganador. Era el 2 de agosto de 1996.

Jesús Ortega, el otro competidor, hábilmente y en el último momento, había aceptado la invitación del tabasqueño para pactar su respaldo a cambio de ser nombrado Secretario

General. Y así fue. Ortega aparecía en el último sitio —cuarto lugar después de Andrés Manuel, Heberto y Amalia— en las preferencias electorales internas del PRD. López Obrador, por obra y gracia de sus negociaciones, lo convirtió en el segundo de a bordo del Partido, dándole un poder inmenso, que el «Chucho mayor», como ahora le dicen, no tenía.

Fue, el de Andrés Manuel, un triunfo raro.

El 80 % de los votos que obtuvo provinieron de Tabasco. Otro 10 %, de Michoacán. El restante 10 % lo obtuvo de otras entidades federativas. Y en Tabasco y Michoacán, pese a la fuerte presencia de Heberto, este no obtuvo votos. Todos fueron para Andrés Manuel. Realmente esos comicios internos se convirtieron en el primer «cochinero» electoral del partido, pues luego ocurrieron otros.

Castillo denunció que no estaba compitiendo contra AMLO, sino contra el propio Cuauhtémoc Cárdenas, quien decididamente promovió el voto por Andrés Manuel; además, amenazó públicamente con impugnar todo el proceso, pero se contuvo. «Que con su pan se lo coman», dijo Castillo, consciente de que se había convertido en un ente molesto para la clase política perredista, por sus recurrentes declaraciones tronantes en contra de lo que consideraba «vicios priistas de algunos dirigentes».

Heberto no podía creer en su derrota ante Andrés Manuel. «¡Hasta dinero dieron por su voto, a diversos líderes locales!», tronaba una y otra vez, incrédulo, el ingeniero.

En todo este período, el «líder moral» del partido era Cuauhtémoc Cárdenas. Él le cedió la presidencia a Porfirio como parte de la alianza entre ambos políticos, pero la recupera para sí en la persona de López Obrador, en 1996. Gracias al control que ejercía sobre el partido, Cárdenas logró convertirse en candidato al gobierno del Distrito Federal en 1997 y luego repetir su candidatura a la presidencia por tercera ocasión en el 2000, en ambos casos superando a Muñoz Ledo, quien a finales de 1999 prefirió retirarse del PRD y apoyar a Vicente Fox en esa elección. Sin embargo, López Obrador ya había iniciado su propio proceso. Después del gran triunfo de 1997, se animó a ir desbrozando su camino.

En 1998, el Gobierno decidió dar por terminado el tiempo del Fobaproa y limpiar lo más posible el proceso con la creación de una nueva institución: el Instituto de Protección al Ahorro Bancario (IPAB). Esto requería una votación calificada en la Cámara de Diputados, de forma que el PRI por sí solo era incapaz de lograrlo. Zedillo negoció con el PAN el apoyo, a cambio de reglamentar legalmente las transferencias federales a los gobiernos estatales (participaciones), y lo mismo buscó hacer con el PRD, ofreciendo a cambio autorizar el endeudamiento solicitado por el gobierno de Cárdenas en el Distrito Federal, por 5000 millones de pesos. En esa época, el Gobierno de la ciudad no podía decidir sobre su deuda, que aún era una atribución del Gobierno federal.

López Obrador se negó al acuerdo. Al hacerlo, obtuvo una doble ganancia. Por un lado, pudo mantener el tema del

Fobaproa-IPAB como caballito de batalla para atacar al PRI y, a partir de esa votación, al PAN. Por otro, dejaba al gobierno de Cárdenas sin dinero, lo que le ayudaba a reducir el poder del ingeniero dentro del PRD, permitiendo con ello una sucesión que pronto ocurriría. Para ello, aprovechó también para castigar al coordinador de la bancada del PRD en la Cámara de Diputados, Porfirio Muñoz Ledo, y obstaculizar su posible candidatura presidencial. Con la renuncia de Porfirio, quedaban en segunda posición dentro del partido López Obrador y la jefa interina de Gobierno del D. F., Rosario Robles, de quien se ocuparía después.

Por otra parte, desde inicios de 1999, AMLO empezó a construir su candidatura al gobierno del Distrito Federal. Aunque había afirmado en distintas ocasiones que él era un líder social y que, al término de su período como presidente del partido, regresaría a Tabasco, estaba decidido a continuar todo el camino hasta la presidencia de la República, y para ello le resultaba necesario destruir a sus impulsores y aliados, como lo hizo con Porfirio desde 1998.

La falta de recursos en el Gobierno del D. F. se sumó a la lentitud con que Cárdenas había actuado, lo que convirtió su tercera candidatura en un fracaso. La posibilidad de construir una alianza con Vicente Fox, para enfrentar juntos a Francisco Labastida, del PRI, no avanzó nunca y, cuando la población tuvo que decidir con quién sacar al PRI de Los Pinos, la candidatura de Cárdenas se derrumbó. Mientras eso ocurría, AMLO ya competía por el D. F.

López Obrador no cumplía con uno de los requisitos para ser candidato al Gobierno de la ciudad: la residencia de cinco años. Él se había avecindado en el Distrito Federal en 1996, precisamente a partir de su cargo como presidente del PRD, y, para el momento de la elección, a duras penas superaba cuatro años viviendo en la ciudad. Sin embargo, cuatro de los consejeros del Instituto Electoral del Distrito Federal argumentaron que ese tema no le competía al instituto, sino que debía ser recurrido en el tribunal. Esos cuatro consejeros fueron Javier Santiago, Eduardo Huchim, Emilio Álvarez Icaza y Rosa María Mirón Lince, todos ellos muy cercanos a esa izquierda que seguía imaginando que el dinosaurio amarillo era en realidad una opción socialdemócrata.

Ya como candidato, después de un gobierno sin nada que destacar, y frente al crecimiento de la opción de Vicente Fox para la presidencia, no era claro que AMLO pudiese obtener el triunfo en la ciudad. Para lograrlo, la jefa de Gobierno, Rosario Robles, se embarcó en diversas acciones que ayudaran al triunfo, entre ellas el programa Cien Colonias, mediante el cual se llevarían a cabo acciones en ellas para enfatizar la relación con el PRD y el candidato López Obrador.[3]

Además de participar de forma indebida, y de recibir apoyo del gobierno de la ciudad, AMLO estuvo a punto de perder la elección. O tal vez la perdió. Aunque la diferencia entre las candidaturas para jefe de Gobierno fue de 214 035 votos, en esa misma elección la diferencia en la votación para los representantes (entonces llamados asambleístas) fue de solo 1509 votos.[4] Desde entonces fue claro que el triunfo de López Obrador podía ser ficticio, pero el ganador de la elección presidencial, Vicente Fox, prefirió llevar la fiesta en paz y llamar al candidato derrotado, Santiago Creel, a ser su secretario de Gobernación.

Claramente, en ese proceso los dos presidentes, el que salía y el que llegaba, apelando a una civilidad que nunca ha tenido AMLO, optaron por permitirle competir, sin cumplir los requisitos, y por no disputarle el triunfo, que no era en absoluto claro. La preocupación de que AMLO promoviera manifestaciones y disturbios, como ya lo había hecho en Tabasco, les hizo pensar que tratarlo con algo de laxitud redundaría en una respuesta civilizada. Se equivocaron ambos, como se han equivocado todos los que han seguido ese camino.

Al respecto, Rosario Robles fue la primera en sufrir la traición de López Obrador y, a través de ella, también la sufriría Cuauhtémoc Cárdenas. A su salida de la presidencia del PRD, en 1999, AMLO se rehusó a conducir el proceso para su sucesión. En su lugar quedó como presidente interino Pablo Gómez y se llevó a cabo una elección que resultó en un «cochinero», como desde entonces se les empezó a llamar a todas las elecciones internas del PRD. Fue elegida Amalia García como presidenta y Jesús Zambrano como secretario general. La primera había sido miembro del PCM y, desde la fundación del PRD, era muy cercana a Muñoz Ledo, quien sin embargo se sintió traicionado por ella. El segundo era la mitad de la dirigencia eterna de Los Chuchos (la otra mitad es Jesús Ortega, secretario general del PRD con López Obrador), una de las diversas tribus (como se dio en llamar, por ellos mismos, a las facciones internas del PRD) que buscaban controlar el partido.

La presidencia de Amalia García pasó sin pena ni gloria, de forma que las figuras en el PRD aún eran Cárdenas, López Obrador y Rosario Robles. Esta última decidió buscar la presidencia del partido en 2002 y obtuvo el triunfo. Se comprometió a obtener más de cien diputaciones en la elección de 2003 y, cuando la cifra final quedó en 97, hizo efectiva su renuncia, abriendo con ello el espacio para que AMLO se deshiciese de ella y, por consiguiente, de Cárdenas.

Seis meses después de su renuncia a la presidencia del PRD (que ocupó interinamente Leonel Godoy), el 3 de marzo de 2004, se presentó en televisión un video en el que un empresario argentino, de nombre Carlos Ahumada, entregaba 45 000 dólares en efectivo a René Bejarano, a la sazón secretario particular del jefe de Gobierno, Andrés Manuel López Obrador. Poco después aparecieron más videos en los que Ahumada les entregaba dinero a otros miembros del PRD, en particular Carlos Ímaz (entonces esposo de Claudia Sheinbaum). Aparentemente, el dinero estaba destinado a las elecciones intermedias y esos videos se habrían grabado antes de julio de 2003.[5]

AMLO logró capotear la crisis (que había empezado con otro video, de su secretario de Finanzas jugando en una zona reservada de un hotel de Las Vegas) y pronto aprovechó la situación para dar el golpe. Al día siguiente de la emisión del video de René Bejarano, Dolores Padierna (su esposa) denunció que Ahumada le había dado dinero a su esposo por órdenes de Rosario Robles, con quien tenía una relación amorosa. Cinco días después, Rosario Robles renunciaba al PRD.

A partir de ese momento, AMLO era la única figura del partido. Los otros gobernadores que habían llegado a sus cargos gracias a ese instituto político (Monreal en Zacatecas, en 1998; Leonel Cota en Baja California Sur, en 1999) no tenían ni arraigo en el partido ni presencia nacional, y el «líder moral» había dejado de serlo cuando su más cercana aliada renunció al partido. López Obrador estaba solo en la cúspide.

Fuera del partido, sin embargo, los videos habían causado estragos en esa pureza que él insistía en tener. Es cierto que se trasladaba en un Tsuru blanco, que seguía viviendo en el mismo departamento de Copilco 300, al que llegó en 1996, pero ya se codeaba con las más grandes fortunas nacionales, vestía los mejores trajes y ahora resultaba que sus colaboradores más cercanos (Gustavo Ponce y René Bejarano) eran claramente corruptos. Desde el PRD, y desde esa izquierda que seguía confundiendo al dinosaurio amarillo con la socialdemocracia, hubo un gran esfuerzo por aislar a AMLO de lo mostrado en los videos. Se le declaró víctima de un complot orquestado desde el poder (se ha insistido en que esos videos fueron obtenidos, y entregados a la televisión, por Diego Fernández de Cevallos y Juan Collado), lo que muy probablemente sea cierto, pero no le quitaba responsabilidad al tabasqueño en cuanto a las acciones de sus más cercanos. Les funcionó, AMLO logró sobrevivir a ese caso.

Esa misma estrategia de respuesta aplicarían cuando López Obrador fue acusado de desacato por la Suprema Corte de Justicia de la Nación. El caso consistía en la negativa de AMLO a cumplir un fallo de la Corte relativo a un juicio por la construcción de un camino en terrenos de Santa Fe, los cuales habían sido propiedad del gobierno de la Ciudad. AMLO afirmó que se trataba de un fraude y que no cumpliría el fallo, por lo que la Corte solicitó entonces a la Procuraduría Federal que procediera a solicitar un juicio de procedencia. Esto es lo que antes se llamaba juicio político y consiste en eliminar el fuero de un funcionario para que pueda ser juzgado por los tribunales. En el caso del jefe de Gobierno, ese proceso exigía una mayoría en la Cámara de Diputados. PAN y PRI sumaron votos para retirarle el fuero a López Obrador, pero la Procuraduría decidió desistirse del caso pocos días después.

Creo que la forma de operar es muy clara. Frente a una crisis producto de su actuación ilegal, López Obrador acusa un complot en su contra, es respaldado por su partido y (muy importante) por abundantes voces públicas, y la contraparte cede para evitar un conflicto mayor, que imaginan de alcance social. Así ocurrió desde los tiempos en que tomaba pozos petroleros en Tabasco, con las elecciones que perdió desde entonces, con los videos y con el desafuero. El que tantas personas hayan sido incapaces de reconocer este comportamiento es algo que aún merece una reflexión.

CUIDADORES DE DINOSAURIOS

Decía antes que la defensa de AMLO por parte de voces públicas ha sido muy importante. La defensa propia, o la que el partido haga de él, limita mucho a la audiencia que pudiera reaccionar. Pero cuando decenas de columnistas, opinadores, conductores de radio y televisión, actores, artistas y personajes de la cultura respaldan esa defensa, el alcance es considerable. Así fue con el desafuero, por ejemplo. Al día de hoy, decenas de ellos siguen afirmando que había que defenderlo porque era víctima de un abuso desde el poder, sin considerar que él era acusado exactamente de eso y las pruebas eran contundentes. Todos ellos defendieron a AMLO sin revisar, ni siquiera por encima, las decisiones de la Corte.[6] Si un poder federal actuaba en contra de él, sin duda se trataba de un abuso.

Esa incapacidad de las personas, que suelen ser reconocidas por su inteligencia o sensibilidad, para opinar adecuadamente fuera de su área de conocimiento puede ser considerada una variante del efecto Dunning-Kruger: personas con baja habilidad, conocimiento o experiencia en cierto tipo de tarea tiende a sobreestimar ese conocimiento o experiencia. Es decir, personas que han demostrado escribir muy bien no necesariamente tienen capacidad para evaluar a un político o una política pública. Lo mismo puede decirse de músicos, pintores, actores, pero también de periodistas e incluso de estudiosos de las ciencias sociales. Estos últimos, además, tienen una tendencia muy marcada al sesgo de confirmación: todo aquello que confirme sus creencias es aceptado y lo que se oponga ni siquiera se considera. Puesto que buena parte de ellos tomaron el rumbo en que se encuentran desde la adolescencia, la aplicación continua del sesgo los ha llevado a tener fuertes convicciones, a partir de las cuales evalúan la realidad.

Por esta razón, quienes han desarrollado una gran carrera en escenarios, revistas académicas o medios de comunicación mantienen opiniones construidas desde casi su infancia, sin haber contrastado jamás con lo que hemos aprendido en tantos años. Esto incluye la creencia en una superioridad moral de la izquierda, que lleva a evaluar sus acciones con una benevolencia que jamás se utilizaría para lo que consideran como de «derecha». Sin tener evidencia alguna, atribuyen a los liderazgos de su corriente virtudes que no tienen y se ciegan frente a los evidentes defectos.

La contraparte de estos sesgos es el llamado «efecto halo», que consiste en imaginar que una persona que hace bien algo es capaz de hacer bien todo. Por esta razón, el público atribuye a cantantes de rock, pintores o actores de televisión una capacidad de juzgar la política que, desafortunadamente, no tienen.

López Obrador ha sido muy hábil para atraer a este tipo de figuras públicas, totalmente ignorantes de la política o el ejercicio de gobierno, y ha sido capaz de convencerlos de esas inexistentes virtudes. Conforme ellos han apoyado a AMLO, en circunstancias que después se han evidenciado como negativas, el costo de reconocerlo ha crecido tanto que muchos prefieren seguir apoyándolo u olvidar el pasado, afirmando que siempre mantuvieron posiciones críticas. Sin embargo, para no olvidar, comparto un texto publicado en *El Financiero* el 19 de abril de 2018, antes de la elección:

Hace 20 años, Robert Nozick publicó un breve texto llamado «¿Por qué los intelectuales se oponen al capitalismo?» en la revista del Cato Institute. Tanto esa institución como el filósofo mencionado son claros ejemplos de lo que se conoce como «libertarismo», un movimiento ideológico que considera a la libertad como valor casi único, que no debe limitarse ni siquiera por cuestiones de solidaridad (forzada, al menos).

En ese texto, Nozick propone que la oposición de los intelectuales al sistema de libre mercado puede tener su origen en la forma en que los intelectuales se construyen. Por intelectual, Nozick entiende a las personas que manejan ideas expresadas en palabras, configurando el flujo que otros reciben: poetas, novelistas, críticos, periodistas y en general académicos en las áreas sociales y humanísticas. No incluye a quienes preponderantemente utilizan números o información visual, que considera se oponen menos al mercado.

En opinión de Nozick, los intelectuales esperan ser el tipo de persona más valiosa en la sociedad, con el mayor prestigio y poder, las mayores recompensas. Se sienten merecedores de ello, pero la sociedad capitalista no les rinde pleitesía. Nozick reconoce que esta sensación de merecimiento no es nueva: Platón y Aristóteles ya la mostraban, pero considera que el sistema escolarizado la ha potenciado.

Un posible corolario de esta descripción de Nozick es que los intelectuales tendrán una mayor propensión a ver al gobierno como un mecanismo más justo que el mercado, en tanto que ese gobierno les hace un mayor reconocimiento que el que el mercado les ofrece. Más aún, les permite demostrar su mayor valor, puesto que el gobierno puede utilizarse como un instrumento mediante el cual pueden guiar a la población en pleno hacia lo que deberían tener, hacer o querer. ¿Quién podría saberlo mejor que los intelectuales?

Le comento todo esto porque si alguien ha mostrado una gran capacidad para cortejar intelectuales, ese es Andrés Manuel López Obrador. Fácilmente les hace pensar que son reconocidos y escuchados, y su postura a favor de un Estado fuerte, que interviene en la economía y promueve ciertos comportamientos sociales, coincide con lo que los intelectuales están buscando. Por lo mismo, no debería ser extraño que una proporción significativa de esos intelectuales, «trabajadores de palabras» como los llama Nozick, apoyen al líder político. Esa proporción debería ser mayor a la media nacional, y su efecto sobre los jóvenes que estudian con ellos también debería notarse. Ambas cosas ocurren, según las encuestas.

Sin embargo, debe resultar difícil defender todas las posturas del candidato, si en verdad los intelectuales mantienen algo de su vocación original: buscar la verdad. Para evitar la disonancia, algunos han optado por declarar a AMLO como el único preocupado por los pobres de México, sin prueba alguna. Deben haber olvidado que el primer político reciente que impulsó en serio los programas sociales, fomentando con ellos la organización comunitaria, fue un tal Carlos Salinas de Gortari, a través de Solidaridad. Y también seguramente minimizarán el primer programa social realmente exitoso de México, Progresa, copiado internacionalmente, creado en el sexenio de Zedillo. También debería resultar un problema congeniar el conservadurismo del candidato y su proclividad religiosa con el supuesto liberalismo laico de la izquierda mexicana. No se nota.

A la arrogancia académica que Nozick registra en los intelectuales habría que sumar la autoridad moral a toda prueba que les ofrece el manto de la izquierda. El político que sabe fingir rendición frente a ello, los seduce de inmediato. No solo les brinda la certeza de su valor intrínseco, sino la oportunidad de traducir su conocimiento en políticas públicas que, finalmente, se convertirán en reconocimiento, prestigio y fortuna. Es un honor...[7]

Durante 2023, se ha presentado una discusión acerca de si se debe o no reclamar a estos intelectuales, opinadores y artistas haber apoyado a López Obrador, no solo en 2018, sino desde mucho antes. La decisión de apoyar una opción política es una prerrogativa que nos da la democracia y cada persona tiene derecho a elegir lo que prefiera. Sin embargo, hacerlo desde una posición de privilegio, imaginando intenciones inexistentes, ya no lo es. Cuando un analista se decide por una opción, debe arriesgar en ello su prestigio. Es ponerle «carne al juego», dice Taleb.[8] Sin ello, sin costos por ofrecer consejos, la labor de analistas e intelectuales no tiene utilidad alguna.

Por esa razón coincido con la posición que ha planteado en redes Pablo Majluf, frente al reclamo de no utilizar el «no podía saberse» como frase derogatoria:

- Un poco sobre el origen, la utilidad y la metamorfosis del «no podía saberse».
- La frase originalmente la emplearon en redes intelectuales y académicos obradoristas a inicios del sexenio, a medida que se iban confirmando las advertencias hechas durante años.
- Frases similares de ese momento fueron «no es culpa de nadie» y «nosotros no votamos por esto».
- Era una forma soberbia de escurrir el bulto, sobre todo porque esos intelectuales no solo promovieron a AMLO durante años, sino que acusaron de alarmistas y tontos a quienes lo desaconsejaron.
- Ya después las audiencias se lo apropiaron de manera irónica para exhibir lo que a todas luces era un subter-

fugio fácil y cínico. Se acusaba no solo la obnubilación, sino la deshonestidad intelectual.

- Fue útil por tres razones: primero, porque sirvió a la audiencia para discernir, contrastar y jerarquizar la opinión publicada. No todos los opinadores ni las ideas son igual de confiables. La audiencia puede y debe distinguir, se beneficia de esa competencia.
- Segundo, porque se reivindicaron intelectuales que durante años sufrieron campañas de desprestigio por razón de esas advertencias. Y tercero, porque entender las razones de la obnubilación ayuda a no repetirla: pedagogía democrática.
- Ahora bien, coincido con quienes señalan que la frase restregada en la cara de los votantes no solo es contraproducente políticamente —a estas alturas, un suicidio—, sino que tiene una pulsión sectaria e inquisitorial. Sin embargo, se puede hacer perfectamente esa distinción.[9]

Me parece que quienes tienen la fortuna de contar con espacios públicos deben hacer un esfuerzo adicional para contar con la mejor información posible, y para construir juicios lo más asépticos que puedan. Todos tenemos preferencias respecto al orden social, e incluso político, pero debemos hacer un esfuerzo por dejar clara nuestra posición, aparte de la información, el análisis y la propuesta que construyamos. Sigo pensando que buena parte de la debilidad de México durante el proceso de democratización fue tener academia y medios de comunicación que no ayudaron a elevar el debate público.

Dinosaurio morado

Puesto que el dinosaurio amarillo era tan solo una escisión del PRI, no es posible encontrar grandes cambios en su forma de hacer política. Tal vez pueda uno reconocer el impulso que les dio Rosario Robles a los derechos civiles en Ciudad de México o las políticas públicas exitosas durante el gobierno de Marcelo Ebrard, pero eso no basta para cambiar la opinión acerca del PRD. La primera, proveniente de la izquierda universitaria, llevó a cabo lo que al priismo no le interesaba; el segundo, un funcionario calificado, fue capaz de implementar proyectos que para cualquier otro líder de ese instituto político hubieran sido inimaginables. Nada excepcional, pues, salvo por contraste.

Ya vimos que después de la elección de 1988, cuando los votos nunca se contaron, pero se reconoció un 31 % del voto para la coalición cardenista, en 1991 ese partido alcanzó el 20 %, apenas por encima de la suma de lo que habían obtenido en elecciones previas los pequeños partidos de izquierda que participaron en su creación. En realidad no había muchos votos más. En años de elecciones presidenciales, el PRD obtenía una proporción importante: 34 % en 1994, apenas 15 % en 2000, 28 % en 2006, 27 % en 2012. En todos los casos, además de la votación presidencial, incluyo en el cálculo las elecciones federales legislativas y las de gobernador, que permiten medir la fuerza real del partido y no solo la del caudillo. En años sin elección presidencial, apenas las alianzas locales le ayudaban al partido a tener presencia.

Digamos entonces que el dinosaurio amarillo le quitaba votos al dinosaurio tradicional, pero además contaba con las fuerzas de izquierda que tienen una presencia muy local. El comportamiento puede verse en la figura 4.1.

FIGURA 4.1. VOTACIÓN POR EL DINOSAURIO EN VARIOS COLORES

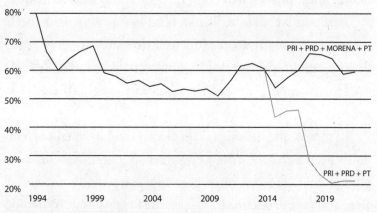

Fuente: cálculos propios, con base en datos de INEGI. Es el acumulado trianual de porcentajes de votación federales y de gobernador.

Desde que tenemos elecciones de verdad, el dinosaurio completo ha pasado de obtener el 60 % del voto en 1997 a cerca del 50 % en 2010. Tuvo entonces una recuperación, probablemente asociada a la Gran Recesión, y ha oscilado entre el 55 y 65 % del voto desde entonces y hasta 2022. Sin embargo, su configuración interna ha cambiado. La creación de Morena en 2014 implicó una pérdida para el PRD de la mitad de sus votos en la elección siguiente. Para 2018, la pérdida del PRD fue de la mitad de lo que quedaba, pero Morena también se llevó la mitad de lo que el PRI tenía. En consecuencia, aunque el voto por el dinosaurio es prácticamente el mismo durante casi tres décadas, hemos pasado de un PRI del 40 % a uno del 20 %, de un PRD del 20 % a uno del 2 % y de un inexistente Morena, pero que hoy representa el 37 % del voto total. Dicho de otro modo: el voto del dinosaurio no se crea ni se destruye, solo se transforma.

Morena es entonces la reconstrucción del viejo PRI, en especial de aquel que se construyó bajo la égida echeverrista y que fue desplazado del poder hacia 1986. Por eso la insistencia de López Obrador en descalificar los gobiernos de cualquier signo que ocurrieron desde entonces y hasta que él llegó.

Porque Morena no es otra cosa que el echeverrismo, es decir:

1. Un presidente que llegó a la mayoría de edad durante el echeverrismo.
2. Un equipo económico heredero de la Facultad de Economía (si le interesa, busque usted la Academia Mexicana de Economía Política, http://amepmexico.com.mx).

3. En materia política priva la *hubris* (soberbia). López Obrador es el mesías que llevará a México a un paraíso nacionalista.

4. En materia económica se apostó por revivir la década de los setenta, pero eso es algo imposible.

Como lo hemos dicho, desde su fundación Morena se ha quedado con la mitad de lo que entonces era el PRD. Se fueron con AMLO todos los miembros de su gabinete legítimo de 2006, quienes lo acompañaron en el gobierno de la ciudad y también quienes llegaron en ese año. Es decir, aquellos que se identifican con el momento previo a 2006, alrededor de Claudia Sheinbaum, su más fiel escudera desde entonces, y los que tuvieron todavía poder en el sexenio siguiente, alrededor de Marcelo Ebrard. En el PRD se quedaron los grupos que mantenían el control burocrático del partido, especialmente Los Chuchos. Cárdenas ya había sido marginado desde mucho antes, de manera que no se coloca en ninguna parte. Los gobernadores que llegaron cuando López Obrador era presidente del partido (Monreal o Cota) también se sumaron a Morena, y especialmente el primero buscó hacerlo desde una posición privilegiada.

Los resultados de Morena en las elecciones de 2015 y 2016 parecen buenos para un partido de reciente creación, pero, si se considera que se trataba realmente de una escisión del PRD, no eran nada alentadores. Es hasta 2017 cuando la posibilidad de ganar al año siguiente empezó a perfilarse y eso aceleró el tránsito de políticos hacia Morena. En la avalancha, fueron los grupos corporativos los más numerosos y los que mejor quedaron colocados en la nueva organización.

Morena no es otra cosa que un vehículo construido por López Obrador para llegar al poder. Después de fracasar en 2006 por soberbia y de que en 2012 prácticamente no incrementó su votación, para 2018 decidió actuar de forma diferente. Nada de negarse a quien quiera tocar su puerta, como lo hizo en 2006 tanto con Elba Esther Gordillo como con Patricia Mercado. Por el contrario, cualquiera tendría cabida en Morena.

Esto significa que al movimiento llegaron no solo perredistas que preferían seguirlo a él que a la burocracia de su partido, sino políticos de todo signo que habían quedado marginados en sus organizaciones (Manuel Espino o Germán Martínez), e incluso personajes de dudosa reputación o delincuentes confesos. Como lo reconoció AMLO, dejar al PRI e ingresar a Morena perdonaba todos los pecados.[10]

Sin mucha organización, el partido terminó resolviendo el conflicto de las candidaturas al Congreso mediante sorteos, con lo que la calidad de los legisladores morenistas era notoriamente inferior a la de cualquier otra bancada en la historia. Esto, sin embargo, resultó positivo para un líder que no tiene interés en el capital humano de sus seguidores, sino tan solo en su lealtad, que más bien debería reconocerse como sumisión.

Pero, como decía Napoleón —el cerdo de *Rebelión en la granja*, de Orwell—, aunque todos los animales son iguales, hay unos más iguales que otros. Hay un grupo privilegiado, con acceso permanente a López Obrador. Lo forman algunas personas que lo han acompañado desde hace décadas y otros que se han ido sumando, especialmente gracias a su amistad con Beatriz Gutiérrez Müller, su esposa.

Se trata de un tipo especial de esas figuras públicas a las que nos referimos antes. Ideologizados desde muy jóvenes, han ido confirmando a lo largo de su vida sus creencias, que para su fortuna coinciden con las de Gutiérrez Müller: algún historiador, un par de moneros, otro periodista de *La Jornada*, quienes se suman al productor de telenovelas, al ideólogo del partido y al vocero presidencial.

Varios de ellos son de origen extranjero, pero todos coinciden en la importancia de construir en México un sistema similar al de Cuba, o al que ese país exportó a Venezuela. Se justifican moralmente en esas creencias que adquirieron en su adolescencia, que los hacen refractarios a la realidad. Con ellos de nada sirve mostrar la evidencia de décadas de fracaso del tipo de modelo que quieren implantar. Como se ha hecho desde hace un siglo, dirán que hubo errores en la aplicación en otras partes del mundo, que ellos no cometerán.

Sin embargo, el poder que alcanzaron también le cerró la puerta a cualquier reflexión. Reconocer algún resquicio en su orden moral les haría imposible seguir gozando de las mieles que nunca habían imaginado probar. Este grupo es el que manipula a AMLO, como ocurre con cualquier autócrata: basta con adularlo para lograr su aprobación, basta con administrarle la información para guiar sus pasos, basta con tenerlo tranquilo para seguir colgados de la ubre. Es este grupo el que más sufre conforme termina su tiempo y es el que buscará encauzar la sucesión para su propio beneficio. *Parásitos*, podría ser el término adecuado. Parásitos que existen gracias al tiranosaurio.

El tiranosaurio

En realidad, más que un dinosaurio morado, Morena es nada más el vehículo del tiranosaurio. Eso es lo que, extendiendo la metáfora, es López Obrador: un dinosaurio, pero no uno cualquiera, sino uno que tiene como objetivo tener el control absoluto del poder en su persona. Por lo mismo, aquel que no tiene forma de abandonar ese poder total: un tirano, aunque no lo pueda aceptar.

López Obrador ha sido siempre autoritario, como lo pueden atestiguar decenas de colegas y colaboradores suyos que lo han abandonado, o que él mismo ha expulsado de su entorno. No lo hacen mientras gozan de su favor y entonces lo defienden con denuedo, pero todos, tarde o temprano, terminan mal con el tiranosaurio.[11]

No creo que la biografía de AMLO, en lo que respecta a su trayectoria profesional, sea muy informativa. Mal estudiante, se acercó a la política cuando se afilió al PRI y acompañó a Carlos Pellicer en su campaña para el Senado. Se convirtió después en delegado del Instituto Nacional Indigenista en Tabasco, en donde promovió el teatro de la Chontalpa. Gracias a Julieta Barrios, fue invitado por González Pedrero, gobernador de Tabasco a partir de 1982, a ser dirigente estatal del PRI. En lo que tal vez sea la primera evidencia clara de su autoritarismo, tuvo que ser desplazado por el mismo que lo invitó, debido a las quejas de líderes y presidentes municipales.

López Obrador optó por moverse a la Ciudad de México en 1984, donde trabajó en el Instituto Nacional del Consumidor, entonces encabezado por Clara Jusidman. En 1988, intentó que su partido lo lanzara como candidato al gobierno de su estado y, al no lograrlo, renunció para obtener la candidatura por el Frente Democrático Nacional.

Perdió por más de cincuenta puntos esa elección, pero reclamó que hubo fraude y promovió plantones y bloqueos. Después, nos dice Carlos Elizondo:

En 1989 fue nombrado presidente estatal del Partido de la Revolución Democrática (PRD) tabasqueño. En 1991, el partido perdió las elecciones intermedias frente al PRI, lo que nuevamente produjo protestas por parte de AMLO y los suyos. El 20 de noviembre de 1991, AMLO organizó una marcha hacia la Ciudad de México llamada Éxodo por la Democracia, que arribó a la capital del país el 11 de enero de 1992 y que acabaría dándole notoriedad nacional. El 6 de febrero de 1994, AMLO fue propuesto como candidato del PRD a la gubernatura de Tabasco.

Era la segunda vez que contendía por el puesto, y también la segunda que perdió, esta vez frente a Roberto Madrazo, también del PRI. Una vez más, AMLO acusó de fraude electoral al PRI, aunque en este caso los resultados oficiales de la elección fueron mucho más cerrados, 18.3 puntos de diferencia.[12]

Después de volver a marchar hacia Ciudad de México, López Obrador recibió el respaldo de Cuauhtémoc Cárdenas para convertirse en presidente del PRD, en un proceso que ya comentamos, como también su candidatura al gobierno de la ciudad, el desafuero, las elecciones presidenciales, en fin, todo un camino en el que siempre jugó a ser víctima, pero también siempre ubicado al margen de la ley.

Tal vez los orígenes de este comportamiento pudiesen rastrearse en su historia personal, que conocemos muy por encima.[13] Como dice Krauze en *El mesías tropical*, su carácter afable y bromista se transforma radicalmente cuando sufre una contrariedad, y así ha sido desde su niñez. De ahí el apodo de la «Piedra» con el que se referían a él. Krauze narra también el episodio en el que murió José Ramón, el hermano mayor de Andrés Manuel, de un balazo accidental cuando estaban ellos solos.[14] La versión que ofrece es, digamos, «la oficial»; en otras, no hubo tal accidente, sino un evento más de la Piedra. No hay documentos de la investigación de ese entonces, ni mucha información de lo que ocurrió después. En alguna versión, la familia entera se desplazó a Agua Dulce, Veracruz. En otras, Andrés Manuel se escondió con

Payamé López, notario de Villahermosa, padre de Adán Augusto, hoy secretario de Gobernación. Hay otra anécdota, menos documentada, de un enfrentamiento con un amigo (supuestamente José Ángel León Hernández) al jugar beisbol, a quien le lanzó una pelota con mala fe, provocándole daños irreversibles y la muerte.

Además del carácter irascible, que cualquiera que haya trabajado cerca de él conoce, hay sin duda esa veta mesiánica. Se cuenta otra anécdota acerca de un momento en el que López Obrador estuvo a punto de ahogarse, cuando joven, y su milagrosa salvación la atribuyó a tener una misión que cumplir. Era precisamente sobre ese mesianismo que yo escribí antes de la elección, el 10 de abril de 2018, lo siguiente:

Los dos grandes problemas de México hoy son corrupción y violencia, y ambos resultan del derrumbe del Estado. El Estado no puede proveer seguridad a la ciudadanía, porque es incapaz de castigar a quien viola las leyes. Por lo mismo, tampoco puede terminar con la corrupción. Ese derrumbe es la consecuencia de veinte años de liberalización y democracia en un marco institucional construido para un régimen autoritario y de partido casi único.

El domingo pasado, Luis Rubio planteaba en su editorial semanal analizar lo que ha ocurrido en México con base en dos vertientes: económica y política. En su opinión, el cambio ocurrido a partir de 1982, consolidado en el TLCAN, ocurrió en la vertiente económica, pero manteniendo el mismo esquema político. Coincido en que la esencia de esa vertiente se mantiene al día de hoy, pero alterada por elecciones de verdad. Aunque las transformaciones ocurridas desde los años noventa son muy importantes (independencia de la Corte y el Congreso, autonomía del Banco de México y nuevos organismos especializados, elecciones creíbles), no hemos podido limitar de forma eficiente el poder político con la ley.

La democracia acabó con el poder centralizado, pero dio como resultado una descentralización igualmente perniciosa. La corrupción, que fue el instrumento de resolución de conflictos en el viejo régimen, se multiplicó, junto con los nuevos centros de poder: 32 gobernadores, poderes federales autónomos, organismos. La violencia, antes medianamente controlada, fue creciendo hasta estallar hace una docena de años. Ahí seguimos.

Terminar con la violencia y controlar la corrupción requiere un Estado fuerte, pero limitado por la ley. No hemos conocido ese tipo de régimen en México. La oferta política de López Obrador, como él mismo describió en su carta publicada en *El Financiero* hace una semana, consiste en confiar en él, porque él solo puede acabar con ambos problemas. Salvo para muy fieles seguidores del candidato, esta propuesta es absurda. Si se cree en ella, entonces se cree en la restauración del régimen autoritario con todo el poder concentrado en una sola persona.

La otra posibilidad que hoy se tiene es apostar a la construcción de un régimen político diferente. Esto significa sumarle a la democracia las herramientas institucionales necesarias para fortalecer al Estado, y al mismo tiempo limitarlo legalmente. Insisto en que ese tipo de sistema político no ha existido jamás en México, pero sí en muchas partes del mundo, en esas que llamamos desarrolladas, precisamente. La falta de ese marco institucional en México es lo que ha impedido que cambios económicos profundos tengan los resultados esperados. Dicho en términos más coloquiales: lo que hace falta cambiar no es el modelo económico, sino el político.

En este momento, la única opción para lograr ese cambio es el Frente por México, por muchos defectos que pueda uno encontrar en esa coalición. Claramente, el PRI no propone ese camino, pero tampoco lo hace AMLO, que más bien ofrece recuperar el poder presidencial, que en su persona tendría virtudes taumatúrgicas. Solo los fanáticos pueden creer esto último, pero es indudable que tratará, si gana, de restaurar ese poder presidencial casi omnímodo. Si lo logra, habremos regresado al viejo régimen autoritario, incompatible con la economía actual, y por lo mismo condenado al mismo fracaso de hace 40 años. Si no lo logra, corrupción y violencia tendrán otros seis años de crecimiento, extendiendo a buena parte del país la ingobernabilidad que ya hemos conocido en Tamaulipas, Guerrero e incluso Veracruz.

El problema no es de personas, ni es económico: es el agotamiento del pastiche de los últimos veinte años.[15]

Era absolutamente claro que, de ganar López Obrador, promovería la restauración del régimen autoritario del que provenía. Pero también era muy evidente que el viejo régimen no podía reconstruirse. La versión morada del dinosaurio no es la tricolor. Como lo decíamos, puesto que el tiranosaurio es la única razón de la existencia del dinosaurio morado, las características del viejo PRI no son reproducibles en Morena: ni la disciplina, ni la ideología ni las formas políticas. Morena es solo un instrumento del tiranosaurio que no puede imaginar ya ninguna forma de gobierno que no lo incluya a él como líder máximo.

Esta evolución era esperable. Como ya hemos visto en otras partes del libro, López Obrador no acepta límites ni respeta acuerdos; juega en el límite de la ley y lo traspasa cuando cree posible salirse con la suya. Así ganó la presidencia del PRD, así compitió por la jefatura de Gobierno de la Ciudad de México sin cumplir los requisitos, así desatendió instrucciones de la Suprema Corte, así rechazó su derrota electoral en dos ocasiones y así, desde que obtuvo el poder, ha destruido todo lo que ha podido.

AMLO es un líder populista en las tres dimensiones con que esto puede describirse. Por un lado, ha aplicado el populismo electoral: la invención de un pasado mítico que se perdió debido a una élite malvada; por otro, el populismo político: la destrucción de todos los elementos de intermediación para conectar directamente al líder con la población; finalmente, ha hecho uso también del populismo económico: el uso de recursos públicos para garantizar su popularidad en el presente, sin atender los costos de esa decisión.

Aprovechando el adoctrinamiento que se aplica en las escuelas mexicanas desde hace un siglo, mediante una historia «oficial» construida para legitimar a los ganadores de las guerras civiles, López Obrador se compara constantemente con esos héroes escolares. Es a veces Morelos y a veces Juárez, en ocasiones Madero y en otras Cárdenas. Es siempre el adalid que enfrenta a conservadores, neoliberales, empresarios y extranjeros, que son los enemigos de libro de texto. Este continuo regreso al pasado le ha evitado tener que ofrecer algo tangible en el futuro. Lo que ha hecho es prometer ilusiones: el fin de la corrupción con un pañuelo blanco; el sistema de salud ya no igual al de Dinamarca, sino mejor, y, como en economía no ha habido nada que celebrar, se ha agarrado con uñas y dientes al «super peso», que es realmente producto de tasas de interés muy elevadas.

Para afianzar su posición, ha destruido el entramado institucional en todo lo que ha podido. Debilitó prácticamente todos los órganos autónomos que no logró desaparecer, dejó en los huesos al aparato administrativo del Gobierno (por mover los recursos según su beneficio), evidenció la sumisión de su partido y sus fracciones parlamentarias, y golpeó sin misericordia a los medios de comunicación que osaron criticarlo. Con ello, todo el poder se concentró en su persona.

Esta concentración se hizo todavía más sólida conforme eliminó los programas sociales construidos en los 25 años previos (destacadamente, Progresa-Oportunidades-Prospera y el Seguro Popular) y los reemplazó con entregas de dinero en efectivo, que los Servidores de la Nación enfatizaban como un regalo directo de Andrés Manuel López Obrador. Lanzó tres grandes proyectos de infraestructura: uno para reemplazar el aeropuerto que canceló, otro en su estado natal y el tercero en la península de Yucatán.

El Aeropuerto Felipe Ángeles entró en funcionamiento, pero no sirve. No es capaz de reemplazar, pero tampoco de complementar, al aeropuerto de Ciudad de México, que se viene abajo porque todo el dinero que ingresa se utiliza para pagar a quienes financiaron el aeropuerto que no se terminó. La refinería de Dos Bocas ha costado mucho más dinero del presupuestado y es poco probable que logre refinar en 2024. El Tren Maya es sinónimo de destrucción ambiental y arqueológica, sin que sea claro que pueda terminarse algún día.[16] Las obras, sin embargo, son también una muestra de la voluntad presidencial, es decir, son también parte del proceso que concentra el poder en una sola persona.

El exceso de poder ha sido siempre reconocido como una fuente de desgracias para la sociedad en la que ocurre, pero también para quien es depositario de él. El mismo AMLO insistía mucho, cuando todavía no llegaba a la presidencia, en que, «el poder, a los inteligentes los vuelve tontos, y a los tontos los vuelve locos». Aunque todo indica que, desde la elección intermedia del 6 de junio de 2021, el presidente ha tomado ese camino, un mes antes me parecía ya evidente su pérdida de contacto con la realidad. Así lo escribí entonces:

Señor Presidente, usted está enfermo. No me refiero a su afección cardíaca o alguna otra dolencia física. El asunto es mental. Las personas que están a su alrededor no se lo dirán nunca, porque lo utilizan para obtener poder y recursos que jamás habrían conseguido por su propia cuenta. Por eso se lo digo yo.

Su narcicismo le ha hecho pensar que usted es un elegido, con características muy superiores a los demás seres humanos, ya no digamos solo a los mexicanos. Su sociopatía le hace creer que todo lo que ocurre tiene que ver con usted, y con nadie más, porque, en su forma de ver el mundo, nadie más tiene importancia. Solo así se explica el desprecio que tuvo por las víctimas de Tlahuelilpan, por el medio millón de mexicanos muertos en la pandemia y por quienes fallecieron este martes pasado en la tragedia de la Línea 12 del Metro. Organizar un evento con timbres postales al otro día indica una falta de empatía que solo es posible en un sociópata.

Por otra parte, la actitud permanente en contra de las reglas básicas de convivencia en nuestro país, reflejadas en la Constitución, y el intento de utilizar toda la fuerza que le da el puesto para acabar con sus adversarios políticos corresponde a una condición generalmente llamada maquiavelismo, aunque el pensador florentino nada tenga que ver con ello.

Esta combinación: narcicismo, maquiavelismo y sociopatía es conocida como la tríada oscura: lo más cercano que hay a la maldad pura. Como usted sabe, porque dudo que haya olvidado los 15 o 16 meses en que trabajamos juntos, no soy especialista en las enfermedades de la mente, ni nada cercano.

Es solo mi preocupación por ver a una persona con quien colaboré convertida en un grave peligro para sí misma, pero sobre todo para los demás. No dudo que un especialista podrá ayudarlo. Busque ayuda pronto, de verdad.

Dentro de un mes, los mexicanos iremos a las urnas. Todo indica que los partidos que lo apoyan tendrán un buen desempeño, pero muy lejano del ocurrido en 2018. También limitados por la aplicación correcta de la Constitución, es de esperar que no obtengan la mayoría calificada en la Cámara de Diputados de la que usted hoy goza. Conociendo su historia, y las dolencias que percibo que usted sufre, al día siguiente volverá a acusar un fraude inexistente, se victimizará y tratará de torcer la voluntad de los mexicanos. No lo haga.

Lo que usted debe hacer es irse, lo más pronto posible. No está usted calificado para el puesto en que se encuentra. El daño que ya ha hecho al país costará décadas. A diferencia de lo que usted cree, y que sus cercanos celebran, Pemex no tiene futuro alguno, ni CFE puede generar la electricidad necesaria para el consumo nacional. Todo el dinero que ha regalado, sin reglas ni orden, no ha sacado a nadie de la pobreza. Por el contrario, hoy tenemos más pobres de los que había cuando usted juró, en vano según la evidencia, cumplir y hacer cumplir la Constitución.

Ya no pasará a la historia como el mejor presidente de México, ni como el constructor de una transformación. Podría, sin embargo, ser recordado como quien tuvo el carácter suficiente para reconocer sus afecciones y dolencias. Hasta podría convencer a alguno de haber sido un demócrata embozado cuya única intención era demostrar los límites de la resistencia del país.

Señor Presidente: váyase pronto. Por su bien y por el de México.[17]

5

El fin de los dinosaurios

México ha vivido, en sus doscientos años de historia independiente, cuatro regímenes: medio siglo de caos, marcado por un caudillo inconsistente, Santa Anna (1821-1860); medio siglo de autoritarismo «benevolente», con Juárez y Díaz (1860-1911); un interludio de guerras civiles (1911-1936), seguido de medio siglo del régimen de la Revolución (1938-1988), y apenas treinta años de transición a la democracia (1988-2018). A lo que está acostumbrado el país es al tirano y al dinosaurio.

En buena medida, es esta historia lo que explica el regreso del dinosaurio, e incluso su capacidad de esconderse, disfrazándose de diferente color, aunque su éxito actual en México es también por la coincidencia temporal con un entorno internacional proclive a liderazgos populistas, que ha sido muy bien analizado en otras latitudes.[1]

En los momentos de mayor incertidumbre, que en los últimos quinientos años han ocurrido luego de grandes transformaciones comunicacionales, es cuando este tipo de liderazgos tiene más posibilidades de éxito. Las utopías que ellos ofrecen, poco creíbles en tiempos normales, se convierten en la guía de millones de personas cuando la incertidumbre es mayor, y cuando ocurre algo que altera las referencias acostumbradas.[2]

Ocurrió así con la aparición de la imprenta y el descubrimiento de América: cambiaba la esencia de la narrativa, pero también la referencia. En respuesta, aparecieron múltiples utopías religiosas, algunas de las cuales lograron establecerse como religiones oficiales una vez que los reyes las aceptaron. En el proceso murió cerca del 30 % de la población europea.

Algo similar tuvo lugar con la aparición de los periódicos y el terremoto de Lisboa de 1755. Nuevamente, la narrativa era distinta y la referencia (la fe, la razón) se perdía. Alrededor del poder de la naturaleza se crearon utopías que ofrecían el regreso a la vida bucólica como el camino a la felicidad. Romanticismo y revolución transformaron la vida en las siguientes décadas, con su cuota de muertes violentas.

La llegada de los medios masivos (cine, radio, telégrafo) amplió la comunicación no solo en cuanto al número de personas, sino en la velocidad y la transmisión directa de emociones mediante la voz y las imágenes, lo que abrió nuevamente un momento de incertidumbre que, con la pérdida de referencia que implicó el inicio de la Gran Guerra, lanzó las peores utopías que hemos conocido: las de clase social (la dictadura del proletariado) y las de raza (los romanos de Mussolini, los arios de Hitler). Fueron, de nuevo, millones de muertos.

En las últimas dos décadas, la comunicación se ha transformado otra vez. Internet, con las redes, permite ahora llegar a miles de millones de personas, prácticamente en tiempo real, con todo tipo de estímulos emocionales. El derrumbe del sistema financiero asociado a la Gran Recesión de 2008 fue el detonante de un cambio político en todo Occidente, precisamente con el ascenso de los líderes populistas que ahora abundan.

Por eso, mientras que en 2006 la candidatura de López Obrador apenas captaba al 30 % de los votantes, para 2018 superaba la mitad de ellos. Así como parecía absurdo que Donald Trump pudiese competir realmente por la presidencia de Estados Unidos, y sin embargo logró ganarla, así en México un candidato que poco antes era despreciado por las mayorías, como ya lo veíamos, se convirtió en el Salvador de la Patria.

Todos los ciclos que hemos vivido en estos últimos quinientos años llegaron en su momento a su fin, lo que dio lugar a tiempos «normales», en los que creamos la democracia liberal y los derechos humanos (la Ilustración), la globalización e integración económica, y finalmente un mundo cada vez mejor en términos materiales, pero también en inclusión y participación. Si hoy diversos grupos se quejan, no es porque no hayamos avanzado, sino porque imaginan que sería posible hacerlo aún más y más rápido. Esos grupos responden a las utopías del momento, utopías del agravio y el victimismo. Su efecto será negativo pero transitorio.

Es precisamente por este contexto internacional que no parece posible una transformación de fondo en el corto plazo. El fin de los dinosaurios, pues, no ocurrirá en 2024. Esto no significa que el tiranosaurio siga en el poder después de ese año, sea por sí mismo o mediante algún velocirraptor a su servicio, pero las condiciones en que estará el Gobierno mexicano al cierre del sexenio actual hacen imposible pensar en una renovación profunda en ese momento.[3] Las finanzas públicas a duras penas podrían alcanzar a librar 2024, pero no aguantarían mucho más. La administración pública ha sido del todo destruida (salud, educación, etc.) y prácticamente se ha borrado el espacio para los organismos autónomos.

La extinción

Es posible que en 2024 pueda perder el dinosaurio morado, es decir, el vehículo del tiranosaurio, pero es totalmente impensable que los dinosaurios desaparezcan entonces. Su desaparición, si llega a ocurrir, será después, e imagino tres formas en las que eso pueda suceder: por un evento externo, porque se destruyan entre ellos o porque los dejemos sin comer.

- **El meteorito.** Para seguir con la metáfora de los dinosaurios, la primera opción para su final es un golpe externo. Como hace 65 millones de años, parecería que solo un meteorito podría acabar con los dinosaurios que han resistido todo. Algo llegado de fuera, que elimine en definitiva a estos animales, dejando a otros en su lugar.

Para algunos, esta opción parecería la única posible, pero, como decíamos, lo que haría sería reemplazar un tipo de animales por otros, que seguramente serían colaboracionistas con la amenaza externa, o de plano llegados de otras partes. La idea de una invasión como mecanismo para resolver los problemas internos de México no es nueva, y nunca ha sido buena.

- **La autodestrucción.** La segunda forma en que podrían desaparecer los dinosaurios es porque se destruyan entre ellos. Esto, sin embargo, no se ve muy probable. La gran escisión del PRI, en 1986, provocó la aparición del dinosaurio amarillo y su transformación en morado, que, como hemos visto, ha sido solo el vehículo del tiranosaurio. De hecho, conforme la versión morada se fue haciendo exitosa, los dinosaurios amarillos, y luego los tricolores, se hicieron morados sin mayor dificultad. El viejo refrán, muy usado en el periodismo, de que «perro no come perro» es mucho más cierto entre dinosaurios. Son capaces de cualquier cosa con tal de sobrevivir.

- **La desaparición por inanición.** Finalmente, cabe la posibilidad de que los dinosaurios mueran de hambre. Esto solo podría ocurrir si su alimento preferido, los humanos, dejase de existir o se negase a ser usado como carne de cañón. Los dinosaurios, que es nuestra metáfora de los caudillos clientelares, los caciques, no son una aberración social, sino resultado de una forma de organización mucho más antigua que la democracia liberal, y más común que ella.

Para entender entonces la razón de ser de estos personajes, es necesario responder una pregunta.

¿POR QUÉ EXISTEN LOS DINOSAURIOS?

Aunque pueda parecer que las siguientes páginas no tienen lugar en el estudio de los dinosaurios mexicanos, estoy convencido de que, sin ello, no podríamos entender el porqué de nuestra peculiar historia. Si los dinosaurios existen, es porque tienen de qué vivir. Es un género, no nada más una especie, que ha existido en todas partes, pero que empezó a extinguirse conforme las sociedades dejaron de estar estructuradas en grandes familias y la idea del individuo, de su libertad, de sus derechos y obligaciones, se hizo general. Como veremos, se trata de una creación humana que floreció en Países Bajos, hace ya seiscientos años, y que logró extenderse, a diferente ritmo, en lo que llamamos Occidente.

Lo que alimenta a los dinosaurios es la sociedad tradicional. En ese tipo de sociedades, lo que importa es la colectividad, no el individuo, y por ello los valores relevantes son diferentes: el «honor» y la familia antes que el cumplimiento de la ley, la conformidad antes que la libertad o, como lo pondría McCloskey, la valentía antes que la prudencia.

La democracia, el crecimiento económico, las libertades, no son algo natural para los seres humanos. Aunque es posible encontrar sociedades con alguna de estas características en la historia, su aparición es poco frecuente antes del año 1500. Se suele hablar de la democracia ateniense como si hubiese sido un sistema común y duradero en su época, pero no lo fue. Tampoco se puede apelar a las repúblicas (específicamente a la romana) como algo frecuente o parecido a las repúblicas actuales. El crecimiento económico, muy raro, fue casi siempre extensivo, es decir, producto de ampliar los terrenos disponibles y no de incrementos relevantes de la productividad.

La democracia liberal (es decir, con límites constitucionales y derechos humanos) y el crecimiento económico sostenido son fenómenos propios de los últimos quinientos años, y son de origen europeo, aunque en el último siglo se hayan extendido a otras partes del planeta. Al respecto, cito a Joe Henrich, a cuyo libro *The WEIRDest People in the World* me referiré extensamente en este capítulo:

No puede ya seguirse pretendiendo que todas las poblaciones son psicológicamente indistinguibles o que la evolución cultural no modifica sistemáticamente cómo piensa, siente y percibe la gente... El secreto del éxito de nuestra especie no es nuestro intelecto o poderes de razonamiento, sino nuestra capacidad de aprender de aquellos alrededor de nosotros y después difundir lo que aprendimos, a través de nuestras redes y a las generaciones futuras.[4]

Hay una diferencia significativa entre las ideas, los valores y las opiniones de quienes viven en esos países extraños (WEIRD) en comparación con el resto del mundo. Esta diferencia fue primero notada por tres académicos: Joe Henrich, Ara Norenzayan y Steve Heine, al darse cuenta de que los estudios psicológicos de los que se extraían conclusiones supuestamente válidas para cualquiera, en realidad solo representaban a un grupo: a quienes vivían en sociedades occidentales, educadas, industrializadas, ricas y democráticas, o, utilizando el acrónimo en inglés, países WEIRD (es decir, *extraños*).

Tienen razón en definir a este grupo humano como «extraño», porque no coincide con las sociedades que tenemos registradas desde hace 15 000 años. Es solo en Occidente que la idea del individuo logró hacerse hegemónica y, junto con ella, sus derivados: democracia, mercado, ciencia. Ciertamente, hubo momentos previos en los que, por un lapso limitado, estas ideas aparecieron, pero siempre terminaron destruidas por la visión «tradicional», que es la forma en que podemos describir a las sociedades de siempre.

Los elementos fundamentales de la psicología WEIRD, según Henrich, aparecen en la tabla 5.1 y son los puntos en que se diferencia la forma de pensar de esos países con el resto del mundo (o con el pasado). En esencia, la gran transformación consistió en trasladar el centro (de percepción, control, decisión, responsabilidad) de la colectividad al individuo. A lo largo de la historia, lo normal no era el individuo, sino la colectividad.

Los humanos empezamos a vivir en sociedades grandes hace 15 000 años. Antes de eso vivíamos en pequeños grupos, de cincuenta a sesenta individuos, que mantenían una relación frecuente con un par de grupos similares, y de forma más esporádica con una mayor cantidad de otras pequeñas comunidades. No habíamos logrado resolver el problema de la cooperación en grupos mayores. Creemos que quienes dieron con la solución fueron los natufienses, un grupo que vivía en lo que hoy es Israel, cuyo nombre no conocemos. Usamos ese término por el pueblo de Al-Natuf, donde fueron encontrados vestigios de esa sociedad hace poco más de un siglo. Los natufienses lograron formar grupos mayores de 150 individuos, que tradicionalmente marcaban el límite social. Los restos apuntan a grupos de 250 a 300 individuos viviendo juntos.[5]

Aparentemente, la solución consistió en inventar la adoración a los antepasados: una forma de resolver el problema de la cooperación. Todos los descendientes podrían ser confiables y eso superaba ese límite de 150 personas, a las que naturalmente podemos recordar.[6] Con el tiempo, esas comunidades que adoraban a sus predecesores se reunieron con otras para establecerse en grupos mayores: para defenderse u optimizar recursos, y fueron acomodando a los antepasados de cada grupo en una jerarquía divina. Cada ciudad (es decir, asentamiento con mil o dos mil habitantes) tenía su deidad local. Más tarde, conforme esas ciudades conquistaban o eran conquistadas por otras, esas deidades fueron conformando panteones politeístas, lo que ahora llamamos religiones antiguas o mitologías.

TABLA 5.1. Elementos fundamentales de la psicología WEIRD[7]

Individualismo y motivación personal
Autoenfoque, autoestima, autodesarrollo
Culpabilidad más que vergüenza
Pensamiento disposicional: errores de atribución y disonancia cognitiva
Baja conformidad y deferencia a la tradición y a los mayores
Paciencia, autorregulación y autocontrol
Cuidado del tiempo y trabajo duro
Deseo de control y por la elección
Prosocialidad impersonal (y visiones del mundo relacionadas)
Principios imparciales sobre particularismo contextual
Confianza, justeza, honestidad y cooperación con desconocidos y extraños, e instituciones imparciales
Énfasis en estados mentales, especialmente en juicios morales
Deseos de venganza silenciados, pero proclividad a castigar terceras personas
Favoritismo de grupo reducido
Libre albedrío: noción de que los individuos eligen y sus elecciones importan
Universalismo moral: creencia de que las verdades morales existen tal y como existen las leyes matemáticas
Tiempo lineal y nociones de progreso

Habilidades y sesgos perceptuales y cognitivos
Pensamiento analítico más que holístico
Atención al primer plano y actores centrales
Efecto de dotación: sobreevaluación de lo propio
Independencia de campo: aislar objetos de su entorno
Exceso de confianza (en sus propias habilidades)

Las religiones universalizadoras aparecieron en el primer milenio a.n.e. y hacia el año 200 a.n.e. incluían tres características clave, según Henrich, que resultan determinantes en términos psicológicos: una vida después de la vida, contingente a la adherencia a códigos morales específicos en la actual (cielo, infierno, resurrección y reencarnación); libre albedrío, es decir, la capacidad de las personas de elegir «acciones morales» aun cuando eso significase violar normas locales o resistirse a las autoridades, y universalismo moral, puesto que los códigos morales de estas religiones evolucionaron en leyes divinas que los adherentes creían que eran aplicables a todas las personas.[8]

La razón del éxito de estas diferentes creencias (adoración a los antepasados, deidades locales, politeísmos, religiones universales) consiste en que

Cualquier norma social, creencia o práctica que genere mayor cooperación, mayor solidaridad al interior del grupo, u otras ventajas económicas, tecnológicas o militares, puede transmitirse mediante conflicto entre grupos, puesto que los grupos con instituciones más competitivas ahuyentan, eliminan o asimilan aquellos con instituciones menos competitivas... Cuando es posible, las personas migrarán de comunidades menos prósperas o seguras a aquellas más prósperas y seguras.[9]

Ciertamente, la transmisión no ocurre solo por el conflicto o la migración, sino por el ejemplo y el aprendizaje:

Individuos y comunidades atienden preferentemente y aprenden de grupos más exitosos o prestigiosos [...] en ambientes hostiles, solo grupos con instituciones que promueven cooperación extensiva e intercambio pueden sobrevivir [...] Las normas pueden incluso influir la tasa a la que los individuos tienen hijos.[10]

Sin embargo, la aparición de las religiones universales marca una transformación más profunda:

Una consecuencia clave de la amplia diseminación y estandarización de creencias y rituales religiosos ampliamente compartidos es la creación de lo que podemos pensar como «supertribus» que marcan nuestra psicología, que ha evolucionado a pensar acerca de grupos étnicos simbólicamente marcados [...] los impactos psicológicos de creencias acerca de los deseos divinos, castigo divino, libre albedrío y la vida después de la muerte se combinan con prácticas rituales repetitivas para suprimir las tendencias de la gente a la impulsividad y el engaño mientras que incrementa su prosocialidad hacia sus correligionarios no familiares.[11]

Lo importante para nuestro objetivo es entender que todas las sociedades humanas, desde hace 15 000 años, se construían alrededor de familias, que se mantenían unidas gracias a la idea de un antepasado que merecía un respeto especial o adoración. Esta estructura familiar puede identificarse en todas las sociedades «antiguas», sea Roma, la Grecia helenística, los mongoles o el Imperio chino. Esto sigue ocurriendo en buena parte de Asia, África y América, especialmente en los pueblos originarios o sus descendientes cercanos. La jerarquía entre familias, y dentro de ellas, define a las personas, de manera que, salvo casos excepcionales, cada uno tiene la vida que definió su nacimiento.

Cuando se derrumbó el Imperio romano de Occidente y es reemplazado por la Iglesia, esta estructura familiar sufrió una transformación, algo que no ocurrió en ninguna otra parte, en ningún otro momento de la historia:

En Europa, sin embargo, el orden histórico se revirtió. Primero, entre el 400 y el 1200, las instituciones intensivas basadas en relación familiar de muchas poblaciones tribales europeas fueron paulatinamente degradadas, desmanteladas, y eventualmente demolidas por la rama de la cristiandad que evolucionó en la Iglesia católica romana [...] Entonces, de las ruinas de sus estructuras sociales tradicionales, la gente empezó a formar nuevas asociaciones voluntarias, basadas en intereses o creencias compartidas más que en afiliación tribal o familiar. En estas regiones europeas, se bloqueó la evolución social en las avenidas usuales −intensificar las relaciones familiares− y siguió un camino lateral inusual.[12]

La Iglesia, para poder reemplazar al Imperio romano, no nada más adoptó la estructura administrativa del Imperio, que se dividía en diócesis, cuidadas por un supervisor (epíscopo u obispo), sino que buscó activamente destruir la estructura familiar que soportaba al Imperio, para garantizar su propia existencia. De acuerdo con Joe Henrich, el programa que promueve la Iglesia para ello consiste en:

1. Prohibir el matrimonio entre consanguíneos (hasta primos terceros).
2. Prohibir el matrimonio en el círculo de parientes políticos (viudos).
3. Prohibir el matrimonio poligínico.
4. Prohibir el matrimonio con no cristianos.
5. Crear parentesco espiritual (padrinos, compadres).
6. Desalentar adopción de infantes.

7. Requerir consentimiento público de ambas partes para el matrimonio.

8. Promover, e incluso requerir, que las nuevas parejas se establecieran fuera del círculo familiar.

9. Promover la propiedad individual y la herencia por testamento personal.[13]

Este programa buscaba que el reemplazo que la Iglesia hacía del Imperio fuese total, evitando que las familias pudieran intentar un regreso al viejo orden. Sin embargo, el programa provocó algo que la Iglesia posiblemente no esperaba: inventó a Occidente. Mientras que la Iglesia esperaba que, al desaparecer la sociedad estructurada por familias, todos terminaran por considerarse «hijos de la Iglesia», el resultado terminó favoreciendo la aparición del Estado, especialmente cuando se hizo muy difícil mantener una única interpretación de los códigos religiosos.

El programa se empezó a aplicar, con sus diferencias, hacia el siglo VI. Para el siglo XI ya había un conflicto serio entre el poder terrenal y el espiritual, y, para el siglo XVI, el conflicto destruyó la unidad de la Iglesia, con la Reforma, y dio origen a lo que ahora conocemos como «naciones».[14]

Más allá de complejidades, el factor más importante para explicar el inmenso éxito de la Iglesia descansa en el paquete

extremo de prohibiciones, prescripciones y preferencias alrededor del matrimonio y la familia [...] al debilitar el parentesco
intensivo, las políticas de matrimonio y familia de la Iglesia
gradualmente liberaron a los individuales de las responsabili-
dades, obligaciones y beneficios de sus casas y clanes, creando
al mismo tiempo más oportunidades y mayores incentivos
para que las personas se dedicaran a la Iglesia y, más tarde,
a otras organizaciones voluntarias [...] antes de los esfuerzos de la Iglesia de transformar al matrimonio y la familia,
las tribus europeas tenían un rango de instituciones basadas
en parentesco intensivo que se parecen mucho a lo que ve-
mos en el resto del mundo.[15]

Al eliminar la estructura familiar, la Iglesia generalizó la
relación de cada persona con el centro del poder (que es, al
inicio, la misma Iglesia). Es eso lo que dio lugar al individuo:
la persona que se considera única, que imagina tener derechos
y obligaciones por sí misma y que, por lo tanto, no depende
de ser parte de un grupo social determinado. Específicamente, de una familia o un clan. Mientras esos individuos se
imaginaban como parte de un ente religioso, la Iglesia cose-
chaba a partir de su plan. Cuando esos individuos cambiaron
de idea y se consideraron parte de una ciudad, y no necesariamente compartían su visión religiosa con otros, la Iglesia
perdió y se hizo necesario el Estado.

Ciudades

La gran transformación fue burguesa, es decir, ciudadana: ocurrió en las ciudades. Es ahí donde las personas podían asumir sus libertades y construir organizaciones voluntarias, con personas que no necesariamente eran de la misma familia. Al respecto, las guildas medievales en Holanda tenían cuatro de cada cinco aprendices que no eran hijos del maestro. Para el siglo XVII, en Londres, el porcentaje de artesanos entrenados sin ser parientes pasó de 72 a 93 %. En contraste, en India y China los porcentajes se movieron en dirección opuesta: «Aún hoy, en China, a los nuevos trabajadores y a quienes no son parientes no se les enseñan las habilidades más importantes del oficio; las técnicas "de patente" se mantienen limitadas a linajes específicos».[16]

Este fenómeno no resulta de la diferencia en el tiempo, sino por el trasfondo cultural del que hemos hablado:

A diferencia de las personas en la Europa medieval, quienes vivían en China rural en el siglo XX no crearon espontáneamente una miríada de asociaciones voluntarias con extraños que pensaran de forma similar. Al revés, las personas reafirmaron sus enlaces con sus hogares ancestrales, fortalecieron su afiliación al clan y espontáneamente rehicieron grupos exclusivos construidos en las virtudes de la lealtad a la parentela (nepotismo). Esto ocurrió aun cuando el gobierno chino había intentado destruir a los clanes, en parte mediante la quema de genealogías, en los años 50.[17]

Las ciudades se convirtieron en el centro de la transformación y se multiplicaron: de cerca de 700 000 personas viviendo en núcleos de más de 10 000 habitantes en el año 800 a 16 millones para 1800; se multiplicaron por veinte. En ese mismo período, la urbanización en el islam ni siquiera se duplicó y en China se mantuvo estancada.[18]

Francis Fukuyama afirma que eso fue posible en Europa gracias a la gran cantidad de *polities* que impedía que los gobernantes y los religiosos pudiesen detener las nuevas ideas. Siempre había adónde salir corriendo:

> Los reyes y otras élites, en Europa y a través de la historia, han tratado de acabar con quien tenga una idea, técnica o invención disruptiva que pueda poner en riesgo la estructura de poder vigente. En Europa, este problema se mitigó con la combinación de desunión política –muchos estados en competencia– y la unidad cultural relativa alimentada por las redes trasnacionales tejidas por una variedad de asociaciones voluntarias, incluyendo la Iglesia, las universidades, guildas, y la República de las Letras.[19]

Las ciudades son centros de innovación. Lo eran en siglos pasados y aún lo son. Henrich encuentra que la correlación del tamaño de una ciudad y el número de solicitudes de patentes era de 0.84 en Estados Unidos, en 2002. Entre 1200 y 1800, elabora un índice de «mente colectiva» que correlaciona muy bien la velocidad a la que crecieron diferentes países europeos en esos siglos:[20]

Muchos suponen que la innovación –la difusión e implementación exitosa de una mejora– depende principalmente en la invención, la creación de una mejora única por una persona o un equipo por primera vez. Pero la investigación en evolución cultural sugiere que hay dos factores mucho más importantes. Primero, mientras mayor es la población de mentes conectadas, más rápida es la tasa de evolución cultural acumulada. Segundo, mientras mayor es la interconexión entre individuos –entre maestros y aprendices a través de generaciones–, más rápida la tasa de evolución cultural acumulada.[21]

Sin embargo, la velocidad de la innovación puede ser mayor cuando en esas ciudades se crean asociaciones dedicadas a promover el conocimiento. Es ahí que diferentes religiones tienen un desempeño distinto. Los Unitarios creaban asociaciones para promover el conocimiento cuatro veces más rápido que otras regiones, y algo similar puede verse con los hugonotes en Francia: ciudades con mayor presencia de esta denominación compraban más suscripciones de la *Encyclopédie* y prosperaban a un ritmo mayor que otras comunidades.[22]

Este proceso avanzó a diferente velocidad en Europa, donde se aplicó. No logró desarrollarse plenamente en las cercanías del Mediterráneo, donde el recuerdo del Imperio era mucho más fuerte, además el Imperio romano de Oriente seguía existiendo (y gobernando, por algunos siglos más). Su avance fue mucho mayor al norte del Rin-Danubio, y lo fue aún más en la periferia, adonde la Iglesia tenía mayor dificultad para ejercer su control: los pantanos del mar del Norte, por ejemplo.

Es ahí, en las ciudades, donde surgió la idea de que podemos vivir mejor si nos gobernamos entre nosotros. Es ahí donde se inventaría la democracia liberal y, junto con ella, los derechos humanos, así como la economía de libre mercado. En esos pantanos del mar del Norte, en Países Bajos, la idea del ciudadano se convertiría en algo concreto: individuos que rechazan la concentración de poder en el Gobierno y la Iglesia, y que están dispuestos a defender la existencia de otra fuente de poder: el emprendedor.[23]

Cuando en Inglaterra decidieron reemplazar a su rey Jacobo II por su hija mayor, Mary, casada con William de Orange, duque (*stadtholder*) de la República Holandesa, esas ideas del pantano se trasladaron junto con ellos y así dieron inicio a un reinado que cumple ahora 335 años. No en balde, John Locke, el filósofo inglés a quien suele asociársele con la democracia liberal y los derechos humanos, era acompañante de Mary en su viaje hacia Inglaterra.

Este proceso, llamado Revolución Gloriosa (1688), consolidó la monarquía parlamentaria en Inglaterra (pronto convertida en Gran Bretaña), pero no fue lo único. Apenas cinco años después de la llegada de William y Mary se fundó el Banco de Inglaterra y al año siguiente el de Escocia. Ambas naciones se asociaron en la Gran Bretaña una década después (1707). La solidez financiera de Gran Bretaña fue determinante en la Guerra de los Siete Años (1756-1763), con la que Francia perdió casi toda su presencia en América y prácticamente cualquier posibilidad de mantener una armada digna de ese nombre.

Un mundo raro

Aunque fue el programa de matrimonio y familia de la Iglesia lo que provocó este proceso de evolución cultural, esa organización es producto de la sociedad tradicional y por ello le ha sido muy difícil sobrevivir en el mundo que creó. Esto es cierto para todas las denominaciones, pero sin duda es más complicado para la católica. Las denominaciones protestantes surgieron ya como un paso adelante en la modernidad, mientras que las ortodoxas están aún más rezagadas que la católica, en países que no podemos calificar como WEIRD.

De acuerdo con Henrich, «la tasa histórica de matrimonios entre primos en un país nos permite explicar la mitad de la variación total en la calidad de las instituciones democráticas a nivel nacional. Cuando las instituciones basadas en parentesco persisten, las instituciones democráticas a nivel nacional fracasan».[24] Esto es así porque «las familias de las sociedades WEIRD son peculiares, aun exóticas, desde una perspectiva global e histórica».[25] Las características de las familias en las sociedades WEIRD aparecen en la tabla 5.2 y, de acuerdo con sus datos, la mitad de las sociedades del mundo no tiene ninguna de esas características, mientras que el 77 %

tiene cuando mucho una de ellas, menos del 3 % tiene cuatro y el 0.7 % de las sociedades tiene las cinco.[26]

TABLA 5.2. Características de las familias en países WEIRD[27]

1	Ascendencia bilateral: el parentesco se traza igualmente entre ambos padres	28 %
2	No hay casamientos entre primos u otros parientes	25 %
3	Matrimonio monógamo: se permite solo un cónyuge a la vez	15 %
4	Familias nucleares: la vida doméstica se organiza alrededor de parejas casadas y sus hijos	8 %
5	Residencia neolocal, las parejas que se casan construyen una casa aparte	5 %

Nota: el porcentaje corresponde a las sociedades en las que aparece esa característica familiar.

El efecto de esta transformación cultural, de la evolución cultural provocada por el programa de matrimonios y familias no es menor:

> Por al menos un milenio, estas presiones culturales evoluti-vas han impulsado un grado creciente de disposicionalismo. Los individuos crecientemente buscaron consistencia —ser «ellos»— a través de contextos y juzgaron negativamente a otros cuando no mostraban esa consistencia. Entender esto ayuda a explicar por qué es más probable que la gente WEIRD impute las causas del comportamiento de otras personas a sus disposiciones personales por encima del contexto y las

relaciones (el error fundamental de atribución) y por qué no están a gusto con sus propias inconsistencias.[28]

Más aún, las regiones no europeas que recibieron misiones protestantes son más WEIRD:

> Comparando miles de individuos de 32 países, el economista Benito Arruñada encuentra que los protestantes 1) tienen menos apego a sus familias, 2) son menos tolerantes de fraudes fiscales y 3) confían más en extraños que los católicos con similares condiciones demográficas y económicas en el mismo país. Los protestantes también son menos proclives a mentir en tribunales para salvar a un amigo que manejaba inadecuadamente.[29]

Y, dice Henrich: «Globalmente, los países no europeos que han experimentado históricamente más actividad misionera protestante intensiva llegaron a ser más democráticos en la segunda mitad del siglo xx».[30]

Estas afirmaciones suelen ser rechazadas en América Latina y España, e incluso se consideran como una nueva versión de la «leyenda negra». Se llama así a un esfuerzo propagandístico cuyo inicio fechan algunos en el siglo XVI en Inglaterra (en parte para facilitar el divorcio de Enrique VIII de Catalina de Aragón), el cual consistía en desprestigiar a España, que en ese siglo era la gran potencia europea, y al catolicismo. Se les acusaba de representar el pasado, de actuar salvajemente (en la conquista de América, en el saqueo de Roma, con la Inquisición, etc.), de actuar con astucia y mala fe (especialmente a los jesuitas, orden de origen español, y de ahí el adjetivo inglés *jesuitic*, despectivo). La leyenda negra tuvo una segunda vida en el siglo XIX con la expansión estadounidense, primero asociada a lo que ahora llamamos América Latina y después, nuevamente, a España, en 1898.

Para algunos, sin embargo, la leyenda perdura y se refleja en el menosprecio de tradiciones intelectuales españolas o latinoamericanas frente a visiones similares de países anglosajones o germánicos. Para quienes comulgan con esta idea, el liberalismo, la democracia e incluso la economía de libre mercado no tienen su origen en Países Bajos y luego Inglaterra, como aquí hemos dicho, sino que fueron primero propuestos en España, específicamente en lo que se ha dado en llamar la Escuela de Salamanca.

Me parece que hay una confusión al respecto. Es cierto que pensadores asociados a la Escuela de Salamanca, como Francisco de Victoria (1483-1546), Juan de Mariana (1536-1624) y Francisco Suárez (1548-1617) ofrecen planteamientos económicos y de relaciones internacionales novedosos, pero siempre dentro del marco tomista, es decir, dentro de la síntesis de la doctrina cristiana y el aristotelismo que creó santo Tomás (1225-1275). En la lógica de lo que hemos visto, el esfuerzo salmantino consistía en hacer compatibles el individualismo que la propia Iglesia había creado con su programa familiar y una organización que dependía de que ese individualismo no creciera. En ese sentido, se trata de un esfuerzo condenado al fracaso desde su mismo origen porque la Iglesia católica no puede abandonar el tomismo, y por lo tanto, aceptar plenamente el liberalismo.

Es posible también analizar este proceso con base en las fuentes del poder. Hay solo tres formas de lograr que alguien haga algo que no quería hacer, es decir, de tener poder sobre ese alguien. Se puede lograr mediante la fuerza (poder coercitivo), las creencias (poder persuasivo) o los recursos (poder económico).[31] En las sociedades tradicionales hay una colusión del poder persuasivo y el coercitivo para impedir el desarrollo independiente del poder económico. Por esa razón, hasta el surgimiento de las nuevas ideas en Países Bajos, en el siglo XV, nadie podía hacerse rico de forma independiente. Cuando alguien lo intentaba, en cualquier sociedad previa, era destruido por el poder coercitivo o el persuasivo, es decir, por el Estado o por la religión.

Al reemplazar al Imperio romano de Occidente, la Iglesia esperaba que su poder persuasivo fuera también la base del poder coercitivo, y lo logró por un tiempo, hasta que el enfrentamiento con el Sacro Imperio, en el siglo XI, terminó con esa ilusión y nuevamente se coludieron ambos. La aparición de un poder económico independiente, en los márgenes del Imperio, era una amenaza para ambos. El Imperio logró controlar las repúblicas del norte de Italia e impedir que consolidaran ese poder; algo similar pasó en el Báltico, sojuzgando la Liga Hanseática. Con Países Bajos no lo logró, y el mundo se transformó.

Cuando la sociedad está formada por individuos, entonces la mejor forma de organizarla es considerando que todos, cada uno de ellos y ellas, tienen el mismo valor: son iguales. No en cuanto a características físicas o intelectuales, sino en términos de dignidad. Cuando todas las personas tienen la misma dignidad, todos tienen derecho a participar en el Gobierno (es decir, en democracia), todos tienen derecho a crear riqueza (es decir, participar en el mercado) y todos tienen derecho a crear conocimiento (es decir, a la educación y la ciencia).

Pero esta concepción de la sociedad destruye las estructuras verticales, piramidales, que han sido «naturales» a los seres humanos y que la misma Iglesia ha replicado. Al colocar al individuo como el centro de la sociedad, dejan de existir los mecanismos de intermediación colectivos. La legitimidad deja de provenir de la autoridad para resultar del consenso, o al menos de la mayoría. La Iglesia promovió la destrucción de las familias tradicionales para impedir el retorno de estructuras de poder que la pusieran en riesgo. Al hacerlo, se convirtió, por un tiempo, en la fuente única de legitimidad. Conforme la población empezó a moverse a las ciudades, las restricciones que la Iglesia imponía, y el comportamiento de muchos de sus dignatarios, resultaron chocantes para los individuos, que pusieron en duda dicha autoridad.

CONSECUENCIAS DE LA CULTURA

La transformación cultural, a lo largo de los siglos, produce sociedades muy diferentes:

1. Las convicciones religiosas pueden modificar poderosamente la toma de decisiones, la psicología y la sociedad.
2. Creencias, prácticas, tecnologías y normas sociales –la cultura– pueden dar forma a cerebros, biología y psicología, incluyendo nuestras motivaciones, habilidades mentales y sesgos en la toma de decisiones. No puede separarse *cultura* de *psicología* o *psicología* de *biología* porque la cultura físicamente «recablea» nuestro cerebro y por lo tanto modela lo que pensamos.
3. Los cambios psicológicos inducidos por la cultura pueden dar forma a todo tipo de eventos subsecuentes al influir en qué presta atención la gente, o cómo toma decisiones, qué instituciones prefiere y qué tanto innova.
4. La alfabetización provee el primer ejemplo de cómo los occidentales se convirtieron en psicológicamente inusuales. Con la difusión del cristianismo y de instituciones europeas (como escuelas primarias) en todo el mundo, muchas poblaciones se han alfabetizado recientemente.[32]

Esta psicología diferente implica un pensamiento analítico en lugar de uno holístico, un enfoque hacia los atributos internos de las personas más que hacia su contexto externo y, por lo mismo, un énfasis en la independencia y no en la subordinación a las tradiciones, de forma que la veneración a «tradiciones venerables, sabiduría antigua y viejos sabios se fue diluyendo». Esto llevó a preferir una vida con «reglas imparciales e impersonales para aplicarse a aquellos en sus grupos o comunidades (sus ciudades, guildas, monasterios, etc.), independientemente de las relaciones sociales, identidad tribal o clase social».[33]

Esta preocupación por la intención individual se extendió al derecho canónico en el siglo XII: «A diferencia de sus predecesores romanos, cuyo objetivo principal era aplicar políticas y proteger intereses importantes (como la propiedad), los canonistas estaban obsesionados con el estado mental del acusado».[34]

Con el tiempo, esto implica una forma distinta de entender la justicia –el Estado de derecho–, que choca con la idea predominante en la sociedad tradicional:

Más aún, en muchas sociedades la ley existe para restaurar la armonía y mantener la paz, no (como lo es para pensadores más analíticos) para defender derechos individuales o asegurar que se cumplan principios abstractos de «justicia».[35]

Sin embargo, el análisis de la cultura como determinante social se ha estudiado muy poco. Aunque los antropólogos estudian precisamente esto, es poco frecuente que extiendan el análisis a otras áreas de la vida social. Para otras especialidades, la cultura es una fuente de confusión, por ser sumamente difícil de definir. Tal vez por eso se queja Henrich:

> Lo que nos falta es el entendimiento de las diferencias psicológicas que empezaron a desarrollarse en algunas poblaciones europeas con la disolución promovida por la Iglesia de las instituciones basadas en el parentesco. Estos cambios psicológicos impulsaron, y luego fueron reforzados por, el subsecuente desarrollo de mercados impersonales, asociaciones voluntarias competitivas, nuevas fes religiosas, gobierno representativo y ciencia.[36]

Hay dos esfuerzos por entender mejor el efecto de la cultura en las sociedades que me parecen dignos de atención. En la década de los ochenta, Geert Hofstede (1928-2020) y Ronald Inglehart (1934-2021) intentaron, por separado, entender mejor este tema.

Ronald Inglehart, científico político y profesor de la Universidad de Míchigan, después de trabajar el tema del cambio generacional, impulsó la construcción de la encuesta europea de valores, en 1981, que más tarde se convirtió en la World Values Survey. Esta encuesta se aplica en una gran cantidad de países por medio de socios locales. Uno de los resultados de este trabajo es el mapa cultural Inglehart-Weizel, que aparece a continuación.

En este mapa se ubica cada país de acuerdo con dos dimensiones: valores tradicionales contra seculares, y valores de supervivencia contra los de autoexpresión. Los valores tradicionales enfatizan la importancia de la religión, la relación filial, la deferencia frente a la autoridad y los valores tradicionales de la familia. Los valores seculares (racionales), en cambio, ponen menos énfasis en esos temas, y ven aceptables otros, como el divorcio, el aborto, la eutanasia, etcétera.

Los valores de supervivencia enfatizan la seguridad económica y física, y están relacionados con una perspectiva etnocéntrica y bajos niveles de confianza y tolerancia. Por su parte, los de autoexpresión le dan más énfasis a la protección ambiental, la tolerancia frente a los extraños, la igualdad de género y las crecientes demandas de mayor participación en la vida política y económica.[37]

La correlación de ambos ejes es notoria, pero no es total. Observe, por ejemplo, cómo en el nivel -0.5, en el eje horizontal, hay una gran cantidad de países que se distribuyen por todo el eje vertical, desde el -1.5 de Nicaragua hasta el 1.5 de Corea del Sur. Ahora bien, lo interesante del mapa es que los países pueden agruparse en algo que podríamos llamar «culturas supranacionales», que coinciden con historias comunes de muy largo plazo. Note cómo la Europa católica y América Latina prácticamente coinciden en términos del eje supervivencia-autoexpresión, pero son muy diferentes desde el otro eje, el tradicional-secular. Es decir, características culturales exportadas desde Europa (en su mayoría desde España) adquieren una forma distinta en América Latina, por razones sobre las que podemos especular.

FIGURA 5.1. EL MAPA CULTURAL MUNDIAL DE INGLEHART-WELZEL, 2023

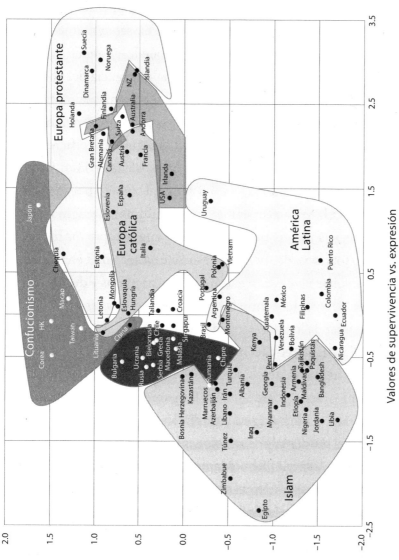

Fuente: elaboración propia con base en los datos de The Inglehart-Welzel World Cultural Map - World Values Survey 7 (2023), www.worldvaluessurvey.org/
Nota: Seleccioné la última medición para cada país en el período 2018-2023. El mapa original puede consultarse en: www.worldvaluessurvey.org/
WVSNewsShow.jsp?ID=467

A inicios de los años ochenta, Geert Hofstede publicó un libro llamado *Culture's Consequences*, en el que, usando información de una amplia encuesta de la Organización Internacional del Trabajo (OIT), levantada a finales de los setenta, construía cuatro dimensiones con las cuales se puede entender, al menos en parte, el comportamiento social: distancia del poder, individualismo, aversión a la incertidumbre y masculinidad.[38]

La primera consiste en qué tanto las personas gustan de ver a los poderosos como diferentes; la segunda se refiere a lo que tanto hemos comentado aquí, una sociedad conformada por individuos, o una colectivista, conformada por grupos (familia, clan); la aversión a la incertidumbre imagino que es clara, y la última tiene un nombre que siempre me ha parecido inadecuado, pero se refiere a una sociedad en la cual las personas viven para el trabajo, son asertivas y decididas, competitivas, y los conflictos se resuelven de manera violenta.

A pesar de lo interesante del libro, la recepción académica fue fría y Hofstede terminó dedicándose a la consultoría, aprovechando la necesidad de las empresas globales de entender lo que a los académicos les parecía poco importante. Después del libro original, publicó un par más, con lo que amplió el número de dimensiones sociales a seis, incluyendo el enfoque a largo plazo y la indulgencia (o permisividad). En la página de su empresa pueden hacerse comparaciones a lo largo de estas seis dimensiones para diversos países.[39] Con esa información he construido la figura 5.2, en la que incluyo a México con otros tres países latinoamericanos: Argentina,

Brasil y Chile, además de tres «europeos»: España, Estados Unidos y Suecia.

FIGURA 5.2.

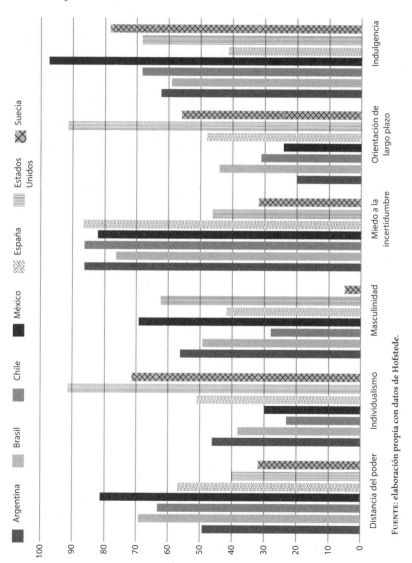

Esto nos permite ver las coincidencias entre España y América Latina en varias de las dimensiones: alta distancia del poder, bajo individualismo, alta aversión a la incertidumbre. En las otras tres, la coincidencia es menor. Lo más interesante para mí es el nivel de permisividad que se registra para México, totalmente alejado de cualquier otro país.

Esto también es claro cuando comparamos dos dimensiones para un grupo amplio de países.[40] Elegí hacerlo con dos dimensiones que, me parece, son de gran importancia para entender mejor la base cultural de México. En la primera confronto la distancia del poder con la indulgencia (permisividad). Note usted que hay una correlación negativa entre estas dimensiones: conforme la distancia del poder crece, la permisividad se reduce. Suena lógico, en tanto que «hacerse de la vista gorda» frente a acciones de otras personas es más probable cuando las personas se consideran iguales, y no cuando un cierto grupo es considerado «mejor».

Por otra parte, confronto el individualismo con la permisividad, y aquí la relación es directa: conforme más individualista es una sociedad, también es más permisiva. Creo que el mismo argumento se aplica a que, mientras más colectiva una sociedad, menos permisiva es, no porque haya un grupo «mejor», sino por el peso de la colectividad, que limita las acciones de las personas.

Observe que, en ambos casos, México es un *outlier* (una observación fuera de lugar): somos demasiado permisivos tanto para la distancia del poder que tenemos como para el

FIGURA 5.3

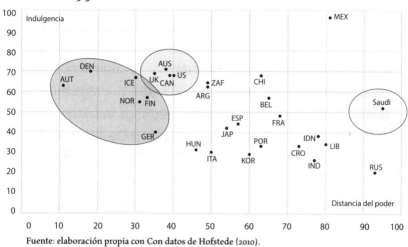

Fuente: elaboración propia con Con datos de Hofstede (2010).

FIGURA 5.4.

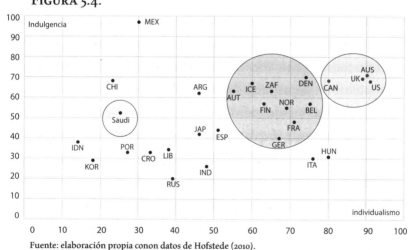

Fuente: elaboración propia conon datos de Hofstede (2010).

individualismo. Para terminar de entender bien la posición de México, permítame ahora utilizar un estudio local, que ha publicado *Nexos* ya en tres ocasiones (2011, 2018, 2023).[41] En los tres casos, el título enfatiza el individualismo de los mexicanos, pero me parece que ha sido una elección desafortunada. En realidad, lo que los estudios muestran no es individualismo, sino una agrupación por familias.

Una mayoría abrumadora considera que en México uno solo puede confiar en la familia y los amigos, y esto es más claro cuando se pregunta qué va antes, si el país o la familia: en las tres evaluaciones, el 81-82 % de las respuestas va en el sentido de preferir la familia sobre el país. Cuestionados sobre si sacrificarían «cosas que me benefician en lo personal con tal de que México se desarrolle», el 61-62 % responden que no, también en los tres levantamientos.

El estudio patrocinado por *Nexos* incluye además una caracterización de los mexicanos por grupos, que fueron etiquetados como «nostálgicos tradicionalistas», «críticos indolentes», «optimistas sobre el futuro», «individualistas inconformes» y «soñadores sin país». El primer grupo parece tener un trasvase importante con los dos últimos, mientras que el segundo ha sido muy estable (20 %). En la última entrega, los investigadores descubrieron un nuevo grupo, al que titularon «soñadores esperanzados», el cual parece provenir por completo del último grupo, «soñadores sin país», que se convirtió en el más pequeño de todos, con 9 % de la población. Este grupo está formado principalmente por personas de la generación X (42 a 57 años), ubicados en la zona metropolitana del valle de México y Occidente, y con nivel de estudios de preparatoria.

El nuevo grupo (14 % de la población) se ubica en particular en el sur del país, está conformado principalmente por personas de bajo nivel socioeconómico (C/D/E) y es mayoritariamente de bajo nivel educativo. Contrasta de manera notoria con el grupo de los «críticos indolentes», que son claramente de nivel A/B, con licenciatura o posgrado, y que son más frecuentes en el norte del país. Los grupos de «nostálgicos tradicionalistas» (29 %) e «individualistas inconformes» (11 %) están conformados por personas de bajo nivel económico y educativo. En el primero abundan quienes tienen estudios máximos de secundaria; en el segundo, los de media superior.

El último grupo, «optimistas sobre el futuro» (18 %), puede caracterizarse como clase media (nivel socioeconómico C), con gran presencia de jóvenes y una distribución parecida a la nacional en términos de lugar de residencia y nivel educativo.

La aparición del nuevo grupo, entre las mediciones de 2017 y 2022, así como sus características, hace pensar en los devotos de López Obrador, que por eso han dejado de sentirse sin país para transformarse en esperanzados. Desde hace mucho me preocupa lo que ocurrirá cuando esa esperanza se convierta en desilusión.

Epílogo

El fin de los dinosaurios
y la evolución

Espero haberlo convencido de que el asunto importante no es si existen o no los dinosaurios, sino si tienen de qué alimentarse. Se alimentan, veíamos, de una sociedad tradicional, colectivista, que no gusta de la igualdad universal y, por lo mismo, de la democracia, el libre comercio y la ciencia. Es una sociedad estructurada por familias y clanes, que por lo mismo es incapaz de construir un verdadero Estado de derecho. Es el tipo más frecuente de sociedad en la historia humana, prácticamente el único hasta hace cinco siglos.

Aunque no es exacto el término, esa sociedad tradicional es la *natural* para los seres humanos. No es exacto porque, naturalmente, el grupo humano sería muy pequeño (50-60 individuos adultos, dos o tres grupos con relación frecuente, etc.). Sin embargo, desde que empezamos a construir grupos mayores, como veíamos, lo hicimos mediante sociedades jerárquicas, organizadas en familias y clanes, en las que la colusión entre el poder coercitivo y el persuasivo (es decir, entre gobernantes y religiosos) impedía el crecimiento del poder económico, a menos que ellos mismos lo controlasen.

Esas sociedades eran autoritarias, aunque las caracte-rísticas específicas son variadas. En todas ellas, el conoci-miento (alfabetización, técnicas, etc.) estaba concentrado en pocas manos y se transmitía dentro de las familias. Esas sociedades no podían producir crecimiento económico, de manera que, para obtener mayor riqueza, era necesario am-pliar la extensión, normalmente invadiendo territorios de otras sociedades.

Eso fue lo que llegó a su fin en el siglo xv en Países Bajos. Desde entonces, y especialmente desde finales del siglo xvii (cuando se extendió a Inglaterra), la sociedad tradicional ha tenido que competir con otra forma de organización, indivi-dual en lugar de colectiva, en la que las personas empezaron a considerarse iguales (en grupos cada vez mayores) y por lo mismo todas susceptibles de participar en el gobierno, en la generación de riqueza y de conocimiento.

Aunque esta nueva forma, llamémosle «moderna», tiene las grandes ventajas de incrementar la libertad y la riqueza, tiene el costo de hacer lo mismo con la incertidumbre. En lugar del mundo ordenado de la sociedad tradicional, en la que cada persona sabe exactamente cuál es su lugar y cuáles son sus límites, la sociedad moderna abre opciones, para bien y para mal. Y la incertidumbre les causa angustia a los seres humanos, no en balde Erich Fromm aseguraba que le tenemos miedo a la libertad.[1]

Por eso, cuando la incertidumbre crece, la sociedad tra-dicional intenta regresar. Esto ocurre a partir de la invención de utopías, mundos no solo inexistentes sino imposibles, que, sin embargo, son muy atractivos para quienes sufren en la sociedad moderna. Estas utopías suelen construirse alrededor de un final feliz, siempre inalcanzable, que estará solo disponible para la tribu (los verdaderos creyentes, el pueblo bueno, el proletariado o la raza superior). Están encabezadas por un líder tocado por la divinidad (es decir, irresponsable, autoritario, mesiánico), que es acuerpado por una corte de clérigos (intelectuales, tontos útiles, propagandistas) y que cuenta, eventualmente, con una liturgia completa (rituales, textos sagrados, códigos).

Como decía, las utopías aparecen cuando la incertidumbre es elevada y su contenido y definición tribal corresponden a las ideas que en ese momento son vigentes: religiosas en el siglo XVI (de hecho, de ahí viene la palabra, de la *Utopía* de Tomás Moro, de 1516), naturalistas en el XVIII, de clase social y raza en el siglo XX, y, hoy día, de las escuelas de los agravios (raza, género, orientación sexual, excolonias, etc.). En cada ocasión, los líderes se sienten tocados por la divinidad e intentan hacerse con todo el poder, destruyendo los límites institucionales propios de la sociedad moderna. Así ocurrió en esas ocasiones que le refiero, con personajes como Lutero, Calvino, Zwingli, Ignacio, Julio II, en el siglo XVI; Robespierre, Marat, Danton, Napoleón, en el XVIII; Lenin, Stalin, Mao, Hitler, Mussolini, en el XX; y hoy, con la multitud que usted conoce: Orbán, Erdogan, Modi, Kaczynski o, más de cerca, Bolsonaro, Bukele y, claro, Trump y López Obrador.

Sin embargo, como lo veíamos al cierre del último capítulo, aunque cualquier sociedad corre el riesgo de enfrentar estos intentos de retorno de la sociedad tradicional, algunas son más vulnerables a ello, porque en realidad todavía no han dejado de ser tradicionales. Mientras que Europa lleva quinientos años en el proceso de modernización (en el sentido que hemos propuesto aquí), otras regiones del mundo apenas llevan algunas décadas. Por eso ha sido tan difícil construir democracias estables en África, buena parte de Asia o América Latina. Por eso el crecimiento económico en esas regiones es inexistente o solo dura unas décadas (el tiempo en que los recursos ociosos se agotan).[2]

Dicho de otro modo, los dinosaurios aparecen en todas partes, pero les cuesta más sobrevivir en ciertos lugares. En otros están como en casa. América Latina es de estos y México, en especial, ha probado ser un buen hábitat. Aunque no creo que haya una forma de ser propiamente mexicana, no cabe duda de que existen ciertas características más comunes en México que en otras partes, que pueden medirse razonablemente bien y que ya hemos descrito hace unas páginas.

Hace casi noventa años, Samuel Ramos concluía que, lo que definía a los mexicanos, era el complejo de inferioridad.[3] Hace cuarenta, Roger Bartra difería: «La cultura mexicana de la primera mitad del siglo XX ha creado un formidable mito: los mexicanos llevan dentro, como un homúnculo, al indio, al bárbaro, al salvaje, al niño».[4] Bartra acuñó la metáfora del ajolote, ese animal que nunca termina de crecer, para ilustrar una sociedad que no termina de pasar de tradicional a moderna, más o menos en el sentido que aquí hemos analizado.[5]

En una obra más reciente, Bartra se preocupa del «regreso a la jaula»,[6] de este retorno del dinosaurio, ahora tiranosaurio, que ha detenido el proceso de modernización de la sociedad, el cual, si bien incipiente y lento, existía. La aparición del nuevo grupo en la categorización de *Nexos* es un ejemplo de ello, me parece, pero lo más evidente es la destrucción institucional, el discurso polarizador y, muy particularmente, el abandono de la seguridad y la utilización de las fuerzas armadas en actividades que no les competen. Sin embargo, más allá de esta incursión del tiranosaurio, creo que es conveniente voltear para ver el terreno en que este tipo de bestias puede florecer.

México, siguiendo a Hofstede, mantiene una elevada distancia del poder, un reducido individualismo y una elevada aversión a la incertidumbre. En estas tres dimensiones nos encontramos en niveles parecidos a otros países latinoamericanos y a España. Sin embargo, los superamos en masculinidad (es decir, agresividad) y, en el caso de la permisividad, superamos a cualquiera. Estas dos dimensiones en las que estamos aparte son preocupantes.

La permisividad significa que, para nosotros, no importa lo que hagan los demás. No reclamamos cuando alguien se mete en la fila o cuando tiran basura en la calle. Cada uno de nosotros se imagina viviendo bajo leyes diferentes, que no hay necesidad de aplicar a los demás a cambio de que a nosotros no se nos apliquen las de ellos. Puesto que la sociedad no «castiga» los comportamientos antisociales, hay una sensación permanente de desorden, que hace muy fácil normalizar comportamientos cada vez más peligrosos para la supervivencia de la sociedad misma. Me parece que este es un elemento que debe considerarse para entender mejor por qué ha sido tan complicado construir un país de leyes.[7] Claramente, en nada ayuda el intento del tiranosaurio de destruir al Poder Judicial, pero insisto en la importancia del terreno en que ese animal se mueve: una sociedad permisiva y agresiva.

En 2024, México elegirá un nuevo presidente, renovará el Congreso, se elegirán nueve gobernadores y miles de presidentes municipales y legisladores locales. Será la elección más grande de la historia y ocurrirá en un marco institucional muy degradado, y con un Gobierno que ha perdido prácticamente toda la capacidad de gestión para convertirse en el instrumento de un solo hombre.

Este libro no intenta adivinar qué ocurrirá en esa elección. No es claro cómo se distribuirán los votos del dinosaurio entre las diferentes especies que existen. Tampoco se puede saber cómo se organizarán las coaliciones. Del contexto económico sabemos que hay una tensión muy seria entre el retorno al pasado que ha impulsado el tiranosaurio y el jalón hacia el futuro que ejerce la transformación de la economía global en regional. Del balance de esas fuerzas dependerá la situación en que la elección ocurra, y si la crisis fiscal llega a convertirse en una crisis de confianza o no.

Finalmente, la desviación de las fuerzas armadas hacia funciones que no le corresponden y el incremento de permisividad con el crimen organizado (que además ha sufrido también una notoria caída en capital humano) tampoco nos permiten imaginar con claridad en qué terreno ocurrirá la elección. Hay abundante evidencia de la intervención de grupos criminales en elecciones locales, que además ha ido creciendo, y hay también evidencia de que contamos ya con gobernadores que forman parte de esos grupos.

Si estos párrafos le dan a usted una idea de caos, están bien escritos. Eso, precisamente, es en lo que estamos, y seguiremos así por algún tiempo. Ese caos, me parece, es resultado de la indecisión social. El conflicto entre la sociedad tradicional y la moderna, que no ha terminado, eleva su complejidad cuando el contexto global es de mayor incertidumbre, como lo es hoy. Eso también terminará.

El trabajo, en mi opinión, consiste en identificar adecuadamente los obstáculos que hemos enfrentado en el proceso de modernizar a México. No se trata solo de impulsar cambios legales, promover la democracia, aprobar reformas estructurales. Todo eso es importante, pero insuficiente.

Democracia, derechos humanos, crecimiento sostenido solo pueden florecer en un hábitat inhóspito para los dinosaurios: en una sociedad realmente de individuos dispuestos a tener leyes aplicables para todos. No en una sociedad estructurada en clanes y familias, en la que cada una de ellas se considera especial, diferente a los demás, con sus propias reglas.

Si en verdad queremos deshacernos de los dinosaurios, será necesario provocar una transformación social dirigida al futuro, y por lo tanto de ruptura con el pasado. Con el pasado de la historia oficial, de la religión tradicional, de las costumbres familiares, de las creencias. No es algo imposible y de hecho habíamos logrado avanzar en este camino en el último cuarto de siglo. Se trata de recuperar el rumbo, pero conscientes de que no se trata solo de reformas en temas económicos, sino en esencia sociales.

Pensar en el futuro implica abrir de verdad las oportunidades. Esto exige dos elementos. Primero, tener un sistema educativo en esa dirección: no como instrumento de adoctrinamiento, sino como espacio de construcción de individuos respetuosos de la ley y capaces de competir. Segundo, lograr que existan los caminos para que esos individuos puedan desarrollarse tomando sus propias decisiones. Lo primero exige un gran trabajo interno; lo segundo, una plena integración en Norteamérica.

Está planteado el problema y el camino para su solución. La decisión no es mía, es de usted.

Notas

Introducción

1 Pedro Villa y Caña, «AMLO se lanza contra ministros de la Corte que él propuso, "no le entraron a la transformación", dice», *El Universal,* 2 de enero de 2023, en eluniversal. com.mx/nacion/amlo-se-lanza-contra-ministros-de-la-cor te-que-el-propuso-no-le-entraron-la-transformacion-dice.

2 «"Se llama clientelismo": tundieron a AMLO por afirmar que ayudar a los pobres es estrategia política», *Infobae,* 4 de enero de 2023, en infobae.com/america/mexico/2023/01/04/ se-llama-clientelismo-tundieron-a-amlo-por-afirmar-que-ayudar-a-los-pobres-es-estrategia-politica.

3 Daniel Alonso Viña, «López Obrador carga contra los ministros que eligió para la Suprema Corte por el debate de la prisión preventiva», *El País,* 2 de septiembre de 2022, en elpais.com/mexico/2022-09-02/lopez-obrador-carga-contra-los-ministros-que-eligio-para-la-suprema-cor te-por-el-debate-de-la-prision-preventiva.html.

4 *Idem.*

5 Gerardo Peláez Ramos, «1981: la disolución del partido comunista mexicano», *La Haine,* 24 de agosto de 2011,

en lahaine.org/mundo.php/1981-la-disolucion-del-par tido-comunista.

6 «La disputa entre los renovadores y los dinos, cómo los primeros bautizaron a los miembros del Comité Central del partido, por el prolongado tiempo que habían permanecido en la dirigencia, marcó al partido hasta sus últimos días»; Patricio Rubio Ortiz, «Los círculos de la piedra en el agua. Una aproximación institucional al Partido Comunista Mexicano», tesis para optar por el grado de maestro en Ciencias Sociales, dirigida por Soledad Loaeza, FLACSO, México, agosto de 2002, en conocimientoabierto. flacso.edu.mx/medios/tesis/rubio_p.pdf.

7 Publicado en el libro de ensayos de Enrique Semo, *Entre crisis te veas*, disponible en esemo.mx/wp-content/ uploads/2020/07/Entre-crisis-te-veas.pdf.

8 Joel Ortega Juárez, «El Partido Comunista Mexicano (1963–1981). Un legado contradictorio», *Este País,* 1 de octubre de 2020, en estepais.com/home-slider/el-pcm-un-le gado-contradictorio.

9 Beatriz García Torres, «La crónica mexicana contemporánea a través de los textos de Juan Villoro y José Joaquín Blanco», tesis doctoral de la Universidad Complutense de Madrid, dirigida por Esperanza López Parada, Madrid, 2013. En la p. 155 hace referencia a la primera mención de José Joaquín Blanco, en *Un chavo bien helado*, de 1990. Manú Dornbierer, *El Prinosaurio. La bestia política mexicana,* Grijalbo, 1994.

10 Carlos Granés, *Delirio americano*, Taurus, Barcelona, 2022.

11 Las razones de ello las detallo en *El fin (y el regreso) de la confusión*, México, Ariel, 2023.

1. El régimen de la Revolución

1 John Maynard Keynes, *The General Theory of Employment, Interest and Money*, BN Publishing, 2008, p. 383.

2 Al interesado, lo remito a mi libro *Cien años de confusión. México en el siglo* xx, Paidós, México, 2021.

3 Leandro Prados de la Escosura, «Inequality and Poverty in Latin America: A Long-Run Exploration», en Timothy J. Hatton, Kevin H. O'Rourke y Alan Taylor (eds.), *The New Comparative Economic History: Essays in Honor of Jeffrey G. Williamson*, Cambridge, The MIT Press, 2007, pp. 291-315.

4 Maddison Project Database, version 2020; Jutta Bolt y Jan Luiten van Zanden, «Maddison Style Estimates of the Evolution of the World Economy. A New 2020 Update», 2020.

5 Macario Schettino, *Cien años de confusión...*

6 *Idem.*

7 Juan J. Linz, *Totalitarian and Authoritarian Regimes*, Lynne Rienner, 2000, pp. 70, 175, 220.

8 Al respecto, Javier Garciadiego, experto en esa época, publicó recientemente un breve texto: «Cárdenas y la

sucesión presidencial de 1940», *Crónica*, 19 de abril de 2023, en cronica.com.mx/cultura/cardenas-sucesion-presiden cial-1940.html

9 Esto es claro en la gran obra de Leszek Kolakowski, *Main Currents of Marxism*, y recientemente ha sido corroborado por Phil Magness y Michael Makowi, «The Mainstreaming of Marx: Measuring the Effect of the Russian Revolution on Karl Marx's Influence», *Journal of Political Economy*, 2023.

10 Inegi, «Estadísticas Históricas», 2014, cuadro 1.16.

11 Con base en datos del Inegi, «Estadísticas Históricas», 2014, cuadros 8.1 y 8.2.

12 Stephen Haber, Armando Razo y Noel Maurer, *The Politics of Property Rights. Political Instability, Credible Commitments, and Economic Growth in Mexico, 1876-1929*, Cambridge University Press, 2003, pp. 106-107.

13 *Idem.*

14 Antonio Ortiz Mena, *El desarrollo estabilizador: reflexiones sobre una época*, México, Fondo de Cultura Económica/El Colegio de México, 1998, pp. 32-33.

15 *Ibid.*, p. 131.

16 *Ibid.*, pp. 124-125.

17 *Ibid.*, p. 205.

18 «Las acciones de Espinosa Yglesias fueron muy positivas para el sistema bancario: don Manuel actuaba con mucho profesionalismo», en Antonio Ortiz Mena, *El desarrollo estabilizador...*, México, Fondo de Cultura Económica/El Colegio de México, 1998, p. 125.

19 «Los íntimos de Alemán eran hombres de negocios tan
próxperos como Luis Aguilar, Carlos Trouyet, Bruno
Pagilai y Eloy Vallina», en Roger D. Hansen, *La política del
desarrollo mexicano*, Siglo XXI Editores, 1993, p. 144.
20 Antonio Ortiz Mena, *El desarrollo estabilizador...*, p. 204.
21 Vernon se queja de la discrecionalidad: «La administración
mexicana, por otro lado, pone menos énfasis en los derechos y garantías del individuo, y más énfasis en los
derechos discrecionarios del Estado, actuando como el
agente del interés público», en Raymond Vernon, *The
Dilemma of Mexico's Development*, Harvard University Press,
1963, p. 25.
22 *Ibid.*, p. 157.
23 «En apariencia, pueden hacerse dos generalizaciones sobre
el curso del desarrollo económico de México. La primera
es que no ha habido otro sistema político latinoamericano
que proporcione más recompensas a sus nuevas élites industrial y agrícola comercial. Los impuestos y los costos
por salarios que han debido pagar han sido bajos, sus
utilidades han sido elevadas y la creciente infraestructura
pública que sirve de base a sus esfuerzos productivos se
ha mantenido paralela a sus necesidades. [...] En este
sentido, y a pesar de la continua preeminencia de las
actividades del sector público, el gobierno mexicano es
un "gobierno de los hombres de negocios" en la misma
medida que cualquiera de los gobiernos de los Estados
Unidos durante las décadas en que predominó el partido

republicano (1860-1932)», en Roger D. Hansen, *La política del desarrollo mexicano...*, p. 117.

24 Nora Hamilton, *México: los límites de la autonomía del Estado*, Era, México, 1983, p. 39.

25 *Ibid.*, p. 40.

26 «Esta cámara (CNIT) ha actuado como el vocero semioficial del nuevo grupo de industriales que surgió a finales de la cuarta y quinta décadas, cuando se aceleró intensamente el proceso de la industrialización mexicana», en Roger D. Hansen, *La política del desarrollo mexicano...*, p. 143.

27 Lo refiere Vernon (*The Dilemma of Mexico's Development...*, p. 162), quien además dice: «Aunque no se ha hecho un compendio similar de períodos más recientes, el tenor de estas propuestas parece de acuerdo con las sugerencias hechas por grupos empresariales a administraciones recientes. De una base de expectativas como esta, no hay razón para asumir que los empresarios mexicanos del futuro podrían ver un sistema de *laissez-faire* como correcto y como un objetivo natural de su existencia».

28 «La evolución en actitud de los diferentes grupos empresariales frente a la inversión extranjera reflejaba fielmente su cambio de intereses. La Concanaco, originalmente una fuerte defensora de la inversión extranjera, empezó a mostrar abiertamente su oposición en los primeros años cincuenta, cuando Sears Roebuck y otras empresas nor-

teamericanas extendieron sus actividades en la economía mexicana», en Raymond Vernon, *The Dilemma of Mexico's Development...*, p. 171.

2. EL FIN DEL RÉGIMEN

1 Al respecto, recomiendo leer este ensayo de Alejandro Hope, «Violencia 2007-2011. La tormenta perfecta», Nexos, 1 de noviembre de 2013, en nexos.com.mx/?p=15547.

3. LA DEMOCRACIA Y SUS ENEMIGOS

1 Doralicia Carmona, «Es detenido Joaquín Hernández Galicia "La Quina", líder del sindicato de PEMEX», en *Memoria Política de México,* 10 de enero de 1989, en memo riapoliticademexico.org/Efemerides/1/10011989.html.
2 Sánchez Susarrey, *Perestroika sin Glasnost*, México, 1994.
3 Igual que Porfirio, con un breve interludio (1946-1950) de su amigo Fernando Amilpa.
4 Macario Schettino, *Cien años de confusión...*, cap. 9.
5 Guillermo Mora Tavares, «El día que Zedillo cerró la Suprema Corte», Contralínea, 12 de marzo de 2023, en contralinea.com.mx/interno/semana/el-dia-que-zedillo-cerro-la-suprema-corte.

6 Hasta ahora, el único caso de una renuncia fue la del ministro Medina Mora, por presión del gobierno de López Obrador.

7 Macario Schettino, *El fin (y regreso) de la confusión*, Ariel, México, 2023, cap. 9.

8 *Ibid.*, cap. 12.

9 Las encuestas previas a 2015 no incluyen a candidatos potenciales para 2018, pero sí la medición de Morena, que se mantiene debajo del PRD en intención de voto y conocimiento. En saldo negativo es similar, considerando el menor conocimiento. En la encuesta de GEA-ISA, de agosto de 2015, primera con candidatos potenciales para 2018, AMLO tiene el 45 % de opinión negativa, seguido de Miguel Ángel Mancera, con el 30 %.

10 gruporeforma.reforma.com/interactivo/encuestas/encuesta_epn_julio/index.html?referer=---7d616165662f3a3a6262623b727a7a7279703b767a783a--.

4. EL DINOSAURIO NUNCA SE FUE

1 No menciono aquí a los interinos, como Robles Garnica o Pablo Gómez.

2 José Luis Hernández Jiménez, «Heberto», *Óptica Ciudadana* 619, 12 de abril de 2023.

3 Se me pidió encabezar aquel programa, pero después de explicar, sin éxito, que eso era corrupción, me retiré

del Gobierno de la ciudad y de las actividades políticas directas.

4   Instituto Electoral del Distrito Federal, «Resultados electorales. Elecciones locales 2000», en iecm.mx/www/sites/ SistemaElectoralDFbis/es06.php?cadena=content/es/06 02.php.

5   Una marca de agua en el video de Bejarano es del 11 de abril de ese año.

6   Al respecto, un breve recuento de Sergio Sarmiento sobre el origen del desafuero: «Un desacato político», *Reforma,* 5 de mayo de 2023, en reforma.com/un-desacato-politi co-2023-05-05/op248408?.

7   Macario Schettino, «AMLO y los intelectuales», *El Financiero,* 19 de abril de 2018, en elfinanciero.com.mx/opinion/ macario-schettino/amlo-y-los-intelectuales.

8   Nassim Nicholas Taleb, *Skin in the Game,* Random House, USA, 2018.

9   Pablo Majluf, Twitter, 1 de mayo de 2023, siete tuits, pablo_majluf/status/1653113361486209039 @pablo_maj luf

10 Por ejemplo, el caso de Evaristo Hernández Cruz, que refiere Carlos Elizondo en *Y mi palabra es la ley,* Penguin Random House, México, 2021, p. 88.

11 Por ejemplo, narro mi propia experiencia al inicio de *México en el precipicio,* Ariel, México, 2022.

12 Carlos Elizondo, *Y mi palabra es la ley,* Penguin Random House, México, 2021, p. 25.

13 Para su biografía pública, es muy recomendable el primer capítulo del libro de Carlos Elizondo, *Y mi palabra es la ley...*, titulado «El rey».

14 Enrique Krauze, «El mesías tropical», *Letras Libres*, 30 de junio de 2006, en letraslibres.com/revista/el-mesias-tropical/. También se encuentra en el volumen *El pueblo soy yo.*

15 Macario Schettino, «No son las personas», *El Financiero*, 10 de abril de 2018, en elfinanciero.com.mx/opinion/macario-schettino/no-son-las-personas.

16 Pueden verse detalles de esto en Macario Shettino, *México en el precipicio*, México, Ariel, 2022.

17 Macario Schettino, «Al señor Presidente», *El Financiero*, 7 de mayo de 2021, en elfinanciero.com.mx/opinion/macario-schettino/2021/05/07/al-senor-presidente.

5. EL FIN DE LOS DINOSAURIOS

1 Steven Levitsky y Daniel Ziblatt, *How Democracies Die*, Crown, 2019; Yascha Mounk, *The People vs Democracy*, Harvard University Press, 2018.

2 Lo que sigue es un trabajo en proceso, que no he podido escribir aún, pero que he planteado en muchas conferencias. Como ejemplo, a partir del minuto 40, en este enlace: youtube.com/watch?v=XbDC4KImWDI&t=1s

3 Al respecto, el último capítulo de *México en el precipicio*.

4 Joe Henrich, *The WEIRDest People in the World*, Farrar, Strauss & Giroux, Nueva York, 2021, pp. 435-436.

5 De nuevo, le expongo aquí ideas que todavía no escribo formalmente, pero que he expuesto desde hace tiempo en mi canal de YouTube, bajo el título «Largo aliento».

6 Robin I. M. Dunabr, «The Social Brain: Mind, Language, and Society in Evolutionary Perspective», *Annual Review of Anthropology 32*, 2003, Academic Research Library, pp. 163-181.

7 Joe Henrich, *The WEIRDest People in the World*, Farrar, Strauss & Giroux, Nueva York, 2021, tabla 1.1.

8 *Ibid.*, p. 146.

9 *Ibid.*, p. 96.

10 *Ibid.*, p. 97.

11 *Ibid.*, p. 151.

12 *Ibid.*, p. 159.

13 *Idem.*

14 Se suele fechar el inicio de las naciones con la paz de Westfalia (1648), que marca el fin de la Guerra de los Treinta Años y que termina una larga secuencia de guerras religiosas en Europa. También se fecha ahí el fin de la Guerra de los Ochenta Años, que finalmente lleva la paz a Países Bajos.

15 Joe Henrich, *The WEIRDest People in the World...*, pp. 161-162.

16 *Ibid.*, p. 447.

17 *Ibid.*, p. 357.

18 *Ibid.*, p. 449.

19 *Ibid.*, p. 459.

20 *Ibid.*, pp. 450-451.

21 *Ibid.*, p. 436.

22 *Ibid.*, pp. 456-458.

23 Al respecto, conviene leer la trilogía burguesa de Deirdre McCloskey: *The Bourgeois Virtues*, University of Chicago Press, 15 de marzo de 2010; *Bourgeois Dignity*, ed. ilustrada, University of Chicago Press, 15 de noviembre de 2011; *Bourgeois Equality*, University of Chicago Press, 21 de abril de 2016.

24 Joe Henrich, *The WEIRDest People in the World...*, p. 412.

25 *Ibid.*, p. 157.

26 *Ibid.*, p. 156.

27 *Ibid.*, tabla 1.1.

28 *Ibid.*, p. 386.

29 *Ibid.*, p. 418.

30 *Ibid.*, p. 426.

31 Bertrand Russell, *Power. A New Social Analysis*, Routledge, 2004 [1939]; Michael Mann (*The Sources of Social Power*, Cambridge University Press, 2012) propone una cuarta fuente: el poder administrativo, como resultado de las estructuras modernas de gobierno (es decir, desde el siglo XVI).

32 Joe Henrich, *The WEIRDest People in the World...*, pp. 16-18.

33 *Ibid.*, pp. 396-397.

34 *Ibid.*, p. 410.

35 *Ibid.*, p. 404.

36 *Ibid.*, p. 435.

37 Word Values Survey, worldvaluessurvey.org/WVSCon tents.jsp?CMSID=Findings.

38 Geert Hofstede, *Culture's Consequences*, 2.ª ed., Sage, 2003.

39 «Country comparison tool», *Hofstede Insights*, en hofste de-insights.com/country-comparison-tool.

40 Los datos provienen de Geert Hofstede, *Cultures and Organizations*, 3.ª ed., McGraw Hill, 2010. Miguel Basáñez propone incluir un tercer enfoque, el de Shalom Schwartz (Basáñez, *A World of Three Cultures*, Oxford University Press, 2016).

41 «El mexicano ahorita: retrato de un liberal salvaje», *Nexos*, febrero de 2011; «El mexicano hoy. Igual de liberal, pero más salvaje», mayo de 2018; Marco Antonio Robles y Benjamín Salmón, «Regreso al liberal salvaje», mayo de 2023. En los tres casos, el estudio cualitativo fue realizado por LEXIA y el cuantitativo por GAUSSC.

EPÍLOGO. EL FIN DE LOS DINOSAURIOS Y LA EVOLUCIÓN

1 Erich Fromm, *El miedo a la libertad*, Paidós, 2018.

2 Si tiene interés en cómo ha ocurrido el crecimiento económico en diferentes regiones y por qué ni el crecimiento de América Latina en los años sesenta ni el de China

los últimos veinte años es algo estable, le recomiendo la segunda parte de *El fin (y el regreso) de la confusión*.

3 Samuel Ramos, *El perfil del hombre y la cultura en México*, México, Imprenta Mundial, 1934.

4 Roger Bartra, *La jaula de la melancolía*, Random House, México, 2020, loc. 1109. A este fragmento le sigue una muy simpática charla imaginaria entre los creadores de esos mitos. Acerca de la interpretación de este libro, sugiero leer *Mutaciones*, del mismo autor.

5 Cabe aquí también referirnos a *El pueblo que no quería crecer*, de Ikram Antaki, publicado bajo seudónimo (Polibio de Arcadia) en Océano, 1996.

6 Roger Bartra, *Regreso a la jaula*, México, Debate, 2021.

7 La relación entre sociedad tradicional, estructuras familiares y de clan, y la dificultad de construir un Estado de derecho ha sido analizada (de forma no totalmente coincidente con lo que yo planteo) por Claudio Lomnitz en *El tejido social rasgado*, México, Era, 2002, que agrupa sus conferencias inaugurales en El Colegio Nacional.